O capital e suas metamorfoses

Luiz Gonzaga Belluzzo

O capital e suas metamorfoses

editora unesp

© 2012 Editora Unesp

Fundação Editora da Unesp (FEU)
Praça da Sé, 108
01001-900 – São Paulo – SP
Tel.: (0xx11) 3242-7171
Fax: (0xx11) 3242-7172
www.editoraunesp.com.br
www.livrariaunesp.com.br
feu@editora.unesp.br

CIP – Brasil. Catalogação na Fonte
Sindicato Nacional dos Editores de Livros, RJ

B392c

Belluzzo, Luiz Gonzaga
    O capital e suas metamorfoses / Luiz Gonzaga Belluzzo. – São Paulo:
Editora Unesp, 2013.

    ISBN 978-85-393-0402-8

    1. Política econômica   2. Economia   3. Capital (Economia).   I. Título.

13-1595.   CDD: 335.4
                                                           CDU: 330.85

Editora afiliada:

Asociación de Editoriales Universitarias
de América Latina y el Caribe

Associação Brasileira de
Editoras Universitárias

Sumário

Apresentação

Nos idos de 1975, tive a desfaçatez de escrever uma tese intitulada "Valor e capitalismo", com o subtítulo "Um ensaio sobre a *Crítica da economia política*". Durante os anos 1980 e 1990 persisti no esforço de esclarecer a construção peculiar da *Crítica da economia política*. Voltei e voltei a percorrer os labirintos do capital na tentativa de surpreender os movimentos do capital em seu labirinto. Não busquei a originalidade, senão empreendi uma caminhada por trilhas já palmilhadas por estudiosos mais credenciados, os daqui e gente de outras paragens. Estudei os textos que tratam dos manuscritos reunidos no projeto da Mega 2,[1] descobertos depois da minha tese, sempre com o propósito de avaliar a importância da economia marxista para a compreensão do capitalismo realmente existente.

---

1 Referência ao esforço de compilação dos originais de Marx e Engels, promovido pela Fundação Internacional Marx-Engels (Internationale Marx-Engels-Stiftung / IMES). (N. E.)

Não é trivial enfrentar o percurso conceitual de Marx em seu empenho para investigar os desdobramentos da *forma valor*. O movimento de reconstituição teórica de Marx parte da circulação simples de mercadorias para chegar ao regime do capital investido em todas as suas formas, já "dotado" do capital a juros e das "normas" da concorrência generalizada, além de amparado nas forças produtivas da grande indústria que abriga em suas entranhas o progresso técnico "autonomizado". A economia mercantil é investigada como uma dimensão do capitalismo. Não há em Marx, como pretende André Orléan (2011), uma passagem da economia de troca direta para uma economia mercantil monetária. Muito ao contrário: nos *Grundrisse* e em *O capital*, Marx executa os trabalhos da dialética negativa: a negação da troca direta; a negação do intercâmbio generalizado de mercadorias na ausência da mercantilização da força de trabalho; a negação do processo de valorização na ausência das forças produtivas capitalistas. Ao mesmo tempo, em seus desdobramentos, as negações implícitas na transmutação das relações mais simples ou elementares *constituem* novas positividades que se movem numa admirável *dialética das formas*. As formas mais desenvolvidas subordinam e rearranjam a posição e o sentido das formas mais elementares. As posições das categorias se alteram: a efetivação da forma valor, na afirmação de seu império, vai assumindo configurações mais concretas ao longo do processo de *abstração real*. Não se trata de um jogo conceitual engendrado na mente do investigador. O movimento de abstração real acompanha a "construção" teórica de *O capital*. Esse modo de exposição é exemplarmente apresentado no tratamento que Marx dá ao desenvolvimento do dinheiro como forma do valor e da expressão universal da riqueza.

Muitos autores sustentam que Marx adotou uma teoria da moeda-mercadoria. Trata-se de uma visão truncada do que poderíamos chamar da teoria monetária de Marx ou da concepção marxista do capitalismo como uma economia monetária. Uma leitura mais cuidadosa dos *Grundrisse* e dos três volumes de *O capital* vai mostrar que o dinheiro transformado em capital – origem e finalidade da circulação e da produção capitalistas (Dinheiro-Mercadoria-Dinheiro) – não só exige a submissão real do trabalho ao domínio das forças produtivas, como também impõe aos trabalhadores (e aos proprietários do valor-capital) os ditames do incessante processo de acumulação de riqueza abstrata. A acumulação de mais dinheiro mediante o uso do dinheiro para capturar mais valor sob a forma monetária é também um movimento de *abstração real* que culmina nas formas "desenvolvidas" (e mais concretas) do capital a juros, do dinheiro de crédito e do capital fictício. Nessas formas, o dinheiro-capital realiza o seu conceito de *valor que se valoriza* e ensaia acrescentar seu valor sem a mediação da mercadoria força de trabalho. Assim, D-M-D' se converte em D-D'.

Marx afirmou reiteradamente que o desenvolvimento (no sentido lógico-genético) do regime do capital reforça o caráter social da produção de mercadorias, e esse avanço da "socialização capitalista" torna a conversibilidade do dinheiro de crédito no dinheiro-mercadoria, seja qual for sua materialidade, "uma aspiração disparatada". O dinheiro – a forma geral do valor e expressão universal da riqueza –, somente ele, realiza a riqueza individual como riqueza social; é o dinheiro este "objeto". Há quem confunda essa objetividade com a corporeidade metálica, mas, na construção de *O capital*, a corporeidade metálica é apenas o passo "mercantil" para que a objetividade assuma a sua forma apropriada ao regime do capital plenamente constituído.

A existência social (do dinheiro) "aparece" como um objeto, uma coisa, como mercadoria, junto aos elementos reais da riqueza social e, ao mesmo tempo, à margem deles. Quanto à produção funciona sem entorpecimentos, isto não é lembrado. O crédito *que também é uma forma social da riqueza* substitui o dinheiro (metálico) e usurpa o lugar que lhe correspondia. *É a*

Luiz Gonzaga Belluzzo

confiança no caráter social da produção que faz a forma dinheiro dos produtos (forma material-LGMB) como algo destinado a desaparecer, como algo puramente ideal, como mera representação [...]. Mas, tão logo estremeça o crédito, pretende-se que toda riqueza real deva ser convertida em dinheiro (nas reservas-ouro), *aspiração disparatada,* mas que brota necessariamente do sistema mesmo. (Marx, 1996, p.536, grifos meus)

O professor José Carlos Braga me ofereceu a oportunidade de escrever o prefácio de seu livro *A temporalidade da riqueza.* Na ocasião, procurei defender as semelhanças entre a "ontologia do econômico" de Marx e Keynes. Daí eles partem, o primeiro a desenvolver o paradigma da dinâmica contraditória – as leis de movimento do capitalismo –; o segundo a formular uma teoria das decisões sobre a posse da riqueza na "economia monetária da produção", também qualificada por Keynes de "economia empresarial" em oposição a uma "economia cooperativa" ou de "salário real".

Tratei de incorporar Keynes ao debate das questões suscitadas por Marx e ainda não respondidas pelo desenvolvimento do capitalismo contemporâneo. As contribuições de Keynes revelam um pensador ocupado, sobretudo, com a realização da promessa moral inscrita nos "valores burgueses" e acenada aos cidadãos que anseiam pelo exercício de sua liberdade. Keynes, como Marx, derrama seus olhares para além do território restrito da chamada teoria econômica, ou melhor, ele se ocupa da economia apenas como uma dimensão decisiva para a realização da boa vida na sociedade moderna e capitalista.

Este livro reflete a trajetória analítica que descrevi e um pouco de minha leitura das contribuições de Marx e Keynes. Os cinco ensaios coligidos são resultado da (re)escritura de minhas aulas dos anos 1980 e 1990 e de textos produzidos nas últimas quatro décadas. No primeiro deles, analiso como Karl Marx desvendou a incompatibilidade do caráter despótico do capitalismo com as promessas de autodeterminação do indivíduo que embalam a ascensão da burguesia. No segundo texto proponho uma discussão em que relaciono a ontologia do ser social e o capital, contrastando os pressupostos da economia clássica ao pensamento de Marx e Lukács. O terceiro ensaio apresenta um estudo que se contrapõe à tese tradicionalmente aceita pela esquerda: de que o domínio das finanças denunciaria um "descolamento" da valorização fictícia dos estoques de riqueza em relação à geração de valor na esfera produtiva; ao contrário, afirmo que ela revela o desenvolvimento de formas mais avançadas de valor e avaliação da riqueza. Retomo esse tema também no quarto artigo, em que apresento estatísticas sobre a crise de 2008 e discuto, entre outros aspectos, os fatores que impulsionaram o ciclo recente de expansão financeira internacionalizada. Por fim, concluo o livro com um ensaio sobre o ocaso das lições do pós-guerra, ou seja, dos esforços para constituir uma ordem econômica internacional capaz de alentar o desenvolvimento. Pois se os pórticos da modernidade anunciavam o projeto da autonomia do sujeito, hoje pode se tornar intolerável para os indivíduos a sensação de que seu destino está submetido a uma "racionalização" opressora, antítese de uma vida emancipada e digna.

A reflexão expressa neste volume ecoa discussões e ensaios escritos em colaboração com João Manuel Cardoso de Mello, Maria da Conceição Tavares, Júlio Gomes Almeida, Luís Antônio de Oliveira Lima, Luciano Coutinho e Ricardo Carneiro. Nessa aventura não ousei confiar em minhas capacidades. Contei, como sempre, com a ajuda da inteligência companheira, irreverente e generosa do meu amigo João Manuel. Submeti o texto ao olhar erudito, crítico e implacável do professor Fernando Novaes. Meus colegas da Unicamp e agora da Facamp tiveram paciência suficiente para ler os manuscritos e fazer sugestões.

Não posso deixar de registrar minha dívida especial com Frederico Mazzucchelli. Com ele, durante anos, dividi os cursos de Economia Política e de Paradigmas da Teoria Econômica. Agradeço suas sempre cuidadosas observações. Os alunos dos cursos de doutoramento e mestrado da Unicamp, se indagados, por certo darão testemunho da superioridade das aulas do professor Mazzucchelli se comparadas com as minhas.

1
Introdução à democracia radical de Marx, pensador da modernidade

I have read many philosophers and classics of political thought and have encountered only a few thinkers who were interested (and politically engaged!) in the free development of the individuality of all women and men (not only of a privileged class). And I believe that this point is fundamental for the political parties and the social movements that still look at Marx as a source of inspiration.[1]

Musto, 2008

Marshall Berman descobriu o marxismo quando procurava entender o destino de seu pai, morto como Willy Loman, o

---

[1] Li muitos filósofos e clássicos do pensamento político e encontrei apenas poucos pensadores que estavam interessados (e politicamente engajados!) no livre desenvolvimento da individualidade de *todos* os homens e mulheres (não somente de uma classe privilegiada). E eu acredito que esse ponto seja fundamental para os partidos políticos e movimentos sociais que ainda olham para Marx como fonte de inspiração.

trágico personagem de *A morte do caixeiro viajante*, obra-prima de Arthur Miller. Loman pereceu numa cilada das forças anônimas, incontroláveis e insidiosas da concorrência. "Num dia quente de verão de 1955, meu pai, um vendedor de etiquetas, voltou para casa exaurido do distrito de roupas e disse 'eles não me conhecem mais'."[2]

O pai de Berman estava sendo derrotado por concorrentes japoneses que entraram no ramo de etiquetas com técnicas modernas, como, por exemplo, o suborno dos clientes – os seus amigos, compradores das lojas. Berman perguntou: "'Papai, Willy Loman?' – Meu pai me abraçou e disse que uma coisa que lhe dava paz era saber que eu seria uma pessoa mais livre do que ele".

O desejo de compreender o fracasso do pai, sua morte prematura, levou o jovem Berman a buscar uma resposta para sua tragédia pessoal. Um professor de Columbia sugeriu a leitura dos *Manuscritos econômico-filosóficos* de Marx, então recém-publicados. Berman ficou impressionado com a importância que Marx atribuía ao indivíduo, a forma como defendia o direito ao seu autodesenvolvimento e, sobretudo, como imaginava a modernidade, para ele a época da realização do homem como ser livremente ativo.

Nos textos sobre a liberdade de imprensa ou sobre a questão judia, assim como nos *Manuscritos* e na *Ideologia alemã* – até chegar à crítica da economia política nos *Grundrisse* e em *O capital* –, Marx tentou mostrar que a história é a luta dos homens na constituição da subjetividade livre e criativa.

A práxis coletiva trouxe a humanidade até o ponto em que essa aspiração pôde ser realizada. Mas ao realizar a crítica da economia política e examinar a natureza das relações capitalistas de produção, ele desvendou uma incompatibilidade entre o caráter despótico, centralizador e coletivista do capitalismo e as promessas de autodeterminação do indivíduo que acompa-

---

2 Cf. Berman, 2001, p.13-32.

nharam a ascensão da burguesia. Os valores fundamentais da liberdade, igualdade e fraternidade estão incrustados no projeto marxista da autonomia do indivíduo.

Marx fala de um regime econômico em que o objetivo é acumular riqueza abstrata, monetária. Isso exige não só a subordinação real dos produtores diretos à disciplina da fábrica onde se realiza o processo de criação de valor, mas impõe limites insuperáveis ao desenvolvimento livre do indivíduo – burgueses e proletários – ao transformá-los em meros executores das leis que comandam a valorização do capital. A questão central é a da abolição do comando e do despotismo do capital sobre as relações entre os homens e sua substituição pela escolha livre dos produtores associados.

Marx era um admirador do caráter progressista da burguesia e do capitalismo, ao mesmo tempo que foi crítico da estrutura social que desenvolve formas de dominação econômicas cada vez mais abstratas e distantes do alcance do indivíduo despossuído, mutilado e cerceado em sua atividade criativa. Berman (2001) diz que o capitalismo é "terrível", pois fomenta a energia humana, o sentimento espontâneo, o desenvolvimento humano com "o único objetivo de esmagá-lo". Apóstolo da autonomia individual, Marx gostaria que as relações sociais permitissem ao indivíduo socializado controlar o seu destino e fazer suas escolhas de vida.

A socialização dos indivíduos se dá por meio do mercado, que, no capitalismo, não é uma relação simétrica entre vendedores e compradores. As relações econômicas fundamentais estão constituídas por uma assimetria de poder entre os que possuem os meios de produção e os que para sobreviver são obrigados a vender livremente a sua força de trabalho. A história do capitalismo é a narração da crescente subordinação do trabalho e do "empobrecimento" do indivíduo.

As condições de produção e de sobrevivência escapam cada vez mais ao controle dos cidadãos e os submetem aos seus movimentos. A automação crescente do processo de trabalho e a tendência à concentração e centralização das forças produtivas assumem diretamente, em sua forma material, o automatismo da acumulação, determinando o "empobrecimento" e a submissão da subjetividade dos indivíduos "livres" e de seu modo da vida. Ao contrário do prometido, eles não conseguem escolher o seu destino, mas são tangidos por forças que lhes são estranhas, senão hostis.[3]

---

3 Em seu livro sobre o bonapartismo e o declínio do sufrágio universal, o filósofo italiano Domenico Losurdo faz um inventário do pensamento liberal sobre o direito e o mercado. Mandeville, por exemplo, tinha horror a qualquer intervenção legislativa do Estado destinada a proteger "aquela parte mais mesquinha e pobre da sociedade", condenada a desenvolver um "trabalho sujo e digno de escravos" (Losurdo, 2006). Em compensação recomendava enfaticamente que fossem obrigatórias para pobres e iletrados a doutrinação religiosa e a frequência à igreja aos domingos. Essa gente deveria, além disso, ser impedida de participar de qualquer outro divertimento no dia do Senhor. Locke exigia uma vigorosa ação do Estado para disciplinar a chusma de vagabundos e desempregados. Essa rafameia deveria ser internada, para recuperação, em *workhouses*, verdadeiros antecessores dos campos de concentração. Alexis de Tocqueville indignava-se com as tentativas demagógicas dos trabalhadores de reduzir a jornada de trabalho, uma interferência indevida na liberdade de contratação – a coluna vertebral do direito, que regula o mercado – entre patrões e empregados. Mas não trepidava em exigir severas limitações ao afluxo da população do campo para as cidades. Os liberais modernos e também os contemporâneos como Hayek estão, portanto, preocupados em criar condições para que a troca de mercadorias, a venda e a compra da força de trabalho, bem como o comércio do dinheiro, transcorram sem peias, regidos exclusivamente pelas normas da livre contratação. Se os indivíduos concretos se estrepam nessa história, porque são fracos, pobres, deficientes, é preferível deixá-los à sua sorte desgraçada do que colocar em risco a arquitetura da ordem econômica liberal fundada na liberdade de contrato que sustenta a operação insubstituível dos mercados. Não raro acusado de estatólatra e inspirador de correntes políticas totalitárias, Hegel (apud Losurdo, 2006) investia contra os teóricos do *laissez-faire* que, segundo ele, admitiam "a desgraça de muitos indivíduos para que fosse preservada a totalidade do mercado e da economia". Não se trata, assim, de proteger a vida e a liberdade de tal ou qual indivíduo, em suas condições concretas de existência, mas de dar curso à liberdade abstrata dos produtores independentes, implícita na convergência de vontades postulada pela visão contratualista. Marx proclamou que a circulação de mercadorias envolve em seus nexos a aparente liberdade dos produtores independentes e nela está inscrita a dominação do dinheiro ansioso para

Por isso, Marx é incansável na crítica do que os senhores e sacerdotes da sociedade capitalista falam sobre ela e sobre si mesmos. É um desvendamento cruel, para mostrar que a liberdade só pode ser conquistada pela ação coletiva das classes subalternas. Marx acreditava que a opressão das formas econômicas que se apresentam como "naturais" entra frequentemente em conflito com as aspirações do indivíduo moderno, e isso abre a possibilidade da ação transformadora. Berman (2001, p.70) sustenta que

> ninguém percebeu mais nitidamente do que Marx a forte pressão que as "comunidades ilusórias" do interesse de classe podiam exercer sobre os homens, estereotipando o seu pensamento. Transformam a ação humana em repetições rançosas de papéis pré-fabricados, reduzindo os homens a indivíduos médios, reproduções de tipos ideais que incorporam todos os traços e qualidades de que a comunidade ilusória precisa.

Mas a generalização das relações mercantis, ao promover a dissolução das relações fundadas na autoridade e na tradição, prepara o indivíduo "livre" para a atividade prática e crítica. Essa capacidade transformadora e libertadora do capitalismo suscitou a admiração de Marx, o radical iluminista que levou ao paroxismo os ideais do Iluminismo e do liberalismo político.

O jovem Marx (1980, p.42) era um denodado defensor da liberdade de imprensa. "A imprensa livre é o olhar onipotente

---

realizar seu conceito de capital. A justiça adequada às funções dos proprietários independentes é meramente comutativa – *do ut des*. Na impossibilidade da troca de equivalentes ou da presença do equivalente geral, o dinheiro, essa forma peculiar de justiça, não reconhece nenhum outro fundamento, nenhuma legitimidade nas outras formas de reciprocidade entre os homens. Ela, a justiça dos mercados, não pretende reconhecer, na verdade, nenhum direito, senão o que nasce do intercâmbio de mercadorias. Qualquer conteúdo, qualquer relação substancial deve ser sumariamente eliminada. Valer significa apenas ser aceito em troca de determinada quantidade de dinheiro.

do povo, a confiança personalizada do povo nele mesmo, é a franca confissão do povo a si mesmo." Essas palavras foram escritas como uma defesa apaixonada da liberdade de imprensa, diante dos arreganhos absolutistas do Estado prussiano que acabava de editar um código de censura.

Contra essa pretensão, o ultrarrepublicano Marx reivindicava a promulgação de uma lei de imprensa "A lei de censura e a lei de imprensa são tão diferentes quanto o capricho e a liberdade" (idem). Ele suspeitava que a ausência de uma lei que regulamentasse o exercício da liberdade de opinião e de informação, tornando-as disponíveis *para todos os cidadãos*, transformaria a livre opinião no privilégio e no capricho de poucos. Capricho do Estado contra a livre manifestação dos cidadãos, mas também capricho dos que detêm o monopólio da informação exercido em detrimento dos que não dispõem dos meios necessários à expressão de suas opiniões. A distinção entre "capricho e liberdade" tem uma clara origem hegeliana: a liberdade do cidadão moderno impõe a subsunção dos caprichos dos particularismos egoístas à lei promulgada e garantida pelo Estado legitimado pelo sufrágio universal.

Nas sociedades em que imperam as normas do mercado, as relações de poder são constituídas na esfera econômica, "por dentro" do metabolismo social. Sem a vigilância dos subalternos e dominados, "a estupidez e a intolerância tornar-se-iam leis da imprensa" (idem). Por isso, ao observar as transformações do papel dos meios de comunicação na moderna sociedade capitalista de massas, Paul Virilio (1996) chegou a uma conclusão um tanto drástica: a mídia é o único poder que tem a prerrogativa de editar suas próprias leis, ao mesmo tempo que sustenta a pretensão de não se submeter a nenhuma outra.

Essa reivindicação tornou-se mais agressiva na proporção em que os meios de divulgação e de formação de opinião transformaram-se em grandes empresas e ampliaram suas relações com o mundo dos negócios. No caso da mídia, dada a peculiaridade da mercadoria colocada à venda, o objetivo natural e legítimo de ganhar dinheiro formou uma unidade inseparável e ameaçadora com o desejo de ampliar a influência e o poder sobre a sociedade e a política. Metidos até o pescoço nos negócios, não raro envolvendo o Estado e seus funcionários, esses grupos de comunicação deixaram de ser, há muito tempo, instrumentos do exercício da crítica e do estímulo à controvérsia. Muito ao contrário: a importância crescente desses meios exprime hoje o caráter cada vez mais diferenciado e abrangente dos processos de controle social e político exercidos em nome de uma liberdade abstrata. Numa sociedade encantada pela "inversão" de significados e pelo ilusionismo necessário da liberdade de escolha do indivíduo-consumidor, a preservação da liberdade de opinião e de informação, como direito coletivo, exige a crítica impiedosa de todos os poderes, sobretudo dos que se consideram acima de qualquer suspeita.

Marx não acreditava na transformação da sociedade produzida pelas leis automáticas e "naturalizadas" – visão que o fetichismo da mercadoria, do dinheiro e do capital pretende impor aos homens –; mas, para ele, tal mudança só podia ser feita por meio da luta social a partir do que havia sido construído pela história até então. O que mais irritava Marx era o socialismo utópico dos que pretendiam reinventar o mundo ou fazê-lo regredir a formas de convivência primitivas.

O desenvolvimento da economia industrial capitalista promoveu importantes transformações na divisão social do trabalho, na diferenciação de funções, nas formas de convivência, nos modos de informação e de percepção dos indivíduos, nos padrões sociais de ocupação do espaço e de utilização do tempo. No que diz respeito a este último aspecto, a organização e a dinâmica das sociedades modernas sociedades urbano-industriais impuseram à maioria dos trabalhadores a separação entre o local da residência e o local de trabalho, bem como a distinção entre o tempo do labor e do lazer. As transformações das condições de vida separaram dolorosamente o indivíduo-cidadão de seu habitat "originário", onde morava e trabalhava, ao mesmo tempo que o libertaram das misérias da dependência pessoal e de isolamento espacial, típicos da "economia natural".

A sociedade dos indivíduos que exercem sua liberdade no mercado é, a um só tempo, resultado e condição da interdependência e especialização crescentes das atividades, como já havia antecipado Adam Smith em *A riqueza das nações* ou sublinhado Émile Durkheim, com o conceito de *solidariedade orgânica*. O fenômeno da socialização moderna se realiza mediante a divisão do trabalho, diferenciação de funções, a individualização de comportamentos e valores, a intensificação da dependência recíproca e, consequentemente, a crescente *socialização da produção* e da satisfação das necessidades. O social se apresenta diante dos indivíduos que o compõem como algo autonomizado, um sistema de necessidades que só podem ser satisfeitas pela atividade anônima de outrem.

O regime do capital engendrou um processo econômico e formas de sociabilidade, cujo desenvolvimento abriu a possibilidade de libertar a vida humana e suas necessidades das limitações impostas pela natureza. A indústria moderna, essa formidável máquina de eliminação da escassez, oferece aos homens e mulheres a "realidade possível" da satisfação dos carecimentos e da libertação de todas as opressões pelo outro. Mas, na marcha de sua realidade real, o capitalismo nos aprisiona nas cadeias das relações de produção, estruturas técnico-econômicas e formas de convivência que agem sobre o destino dos protagonistas da vida social como se fossem *forças naturais que destroem a natureza*, fora do controle da ação humana.

Marx se valeu da crítica da economia política para mostrar que o capitalismo deixado à mercê de sua lógica e dinâmica internas seria incapaz de realizar os valores que a sociedade burguesa prometia: entregar aos homens, em sua marcha para abater as cidadelas do *Ancien Régime*, da Ordem Revelada e do mundo da tradição, as condições de vida capazes de garantir a liberdade e a autonomia do indivíduo moderno.

O capital pode ser lido como uma digressão sobre a incompatibilidade do caráter despótico e coletivista do regime do capital com as aspirações de liberdade do homem moderno. Sob a *aparência necessária* da igualdade entre produtores independentes e autônomos desenvolvem-se as formas de controle e submissão do indivíduo livre. Marx procurou mostrar, na verdade, que a estrutura material da sociedade, as relações de produção que se estabelecem entre os proprietários dos meios de produção, controladores do dinheiro, e os assalariados não permitem a realização do projeto inscrito nos pórticos da modernidade. Sob o regime do capital não é possível a realização dos valores que a sociedade burguesa promete aos indivíduos produzidos historicamente por seu nascimento. Como já sugeriu Cardoso de Mello (2009), a modernidade avança de modo contraditório, impulsionada pela tensão permanente entre as forças e valores da concorrência capitalista e os anseios de realização da autonomia de um indivíduo integrado responsavelmente na sociedade. Do ponto de vista ético, esse conflito desenvolve-se entre a dimensão utilitarista da sociabilidade, forjada na indiferença do valor de troca e do dinheiro, e os projetos de progresso social que postulam a autonomia do indivíduo, ou seja, reivindicam o direito à singularidade e a diferença, ao mesmo tempo que afirmam o que Robert Bellah chamou de pertinência cívica (Belluzzo, 2009).

Marx não está desacompanhado em suas esperanças críticas. Outros padecem da mesma perplexidade a respeito das contradições da modernidade, diante do jogo de promessas e negações que caracterizam as formas de sociabilidade impostas pela emergência do mercado e do dinheiro. Para Simmel (1987), o dinheiro, mais do que qualquer outro objeto que possuimos, é libertador porque nos obedece sem reservas. No entanto, sua "vacuidade" dispensa qualquer conteúdo que ultrapasse a simples *forma de possessão*. Enquanto forma do valor e expressão geral da riqueza, o dinheiro nos liberta da tirania dos objetos singulares e, ao mesmo tempo, nos tiraniza com sua capacidade de adquirir qualquer objeto. "A impessoalidade e a universalidade de seu ser abstrato", diz Simmel em *A filosofia do dinheiro*, "se colocam a serviço do egoísmo e da diferenciação".

Em *Eros e civilização*, Marcuse (1978) falou da mútua e estranha fecundação entre liberdade e dominação na sociedade contemporânea. Para ele, a produção e o consumo reproduzem e justificam a dominação. Entretanto, isso não altera o fato de que seus benefícios sejam *reais*: ampliam as perspectivas da cultura material, facilitam a obtenção das necessidades da vida, tornam o conforto e o luxo mais baratos, atraem áreas cada vez mais vastas para a órbita da indústria. Porém, ao mesmo tempo, o indivíduo paga com o sacrifício de seu tempo, de sua consciência e de seus sonhos (nunca realizados). A concorrência generalizada se impõe aos indivíduos como uma força externa, irresistível. Por isso é preciso intensificar o esforço no trabalho na busca do improvável equilíbrio entre a incessante multiplicação das necessidades e os meios necessários para satisfazê-las, buscar novas emoções, cultivar a angústia porque é impossível ganhar a paz.

No artigo de 1930, "As possibilidades econômicas dos nossos netos", Keynes sustenta que, impulsionado pelo avanço tecnológico e pela rápida acumulação produtiva, o capitalismo criou as condições para a superação das limitações impostas milenarmente à satisfação das necessidades básicas. Essa vitória sobre a escassez acenou com a fruição de uma vida boa, moral e culturalmente enriquecedora para homens e mulheres. Mas, em sua maníaca obsessão pela acumulação monetária, o capitalismo cria tantos problemas quanto os que consegue resolver. A admirável "criatividade" produtiva e tecnológica não consegue realizar a promessa da vida boa. Os poderes que o convocam à produção da abundância são os mesmos que submetem as criaturas humanas ao vício do consumismo, à permanente insatisfação das necessidades ilimitadas e aos grilhões do impulso insaciável da acumulação de riqueza monetária. Nesse texto perturbador para o *éthos* da sociedade aprisionada nas engrenagens da concorrência, Keynes (1989) escreve:

Devemos abandonar os falsos princípios morais que nos conduziram nos últimos dois séculos. Eles colocaram as características humanas mais desagradáveis na posição das mais elevadas virtudes. Não há nenhum país, nenhum povo que possa vislumbrar a era do tempo livre e da abundância sem um calafrio [...]. Pois fomos educados para o esforço aquisitivo e não para fruir [...]. Se avaliarmos o comportamento e as realizações das classes abastadas de hoje, as perspectivas são deprimentes [...]. Os que dispõem de rendimentos diferenciados mas não têm deveres ou laços, falharam, em sua maioria, de forma desastrosa no encaminhamento dos problemas que lhes foram apresentados.

Entre minhas modestas tentativas de desvendar os valores que orientaram os trabalhos do maior economista do século XX, sublinhei o peculiar conservadorismo de Keynes. Ele professava a crença de que a sociedade e o indivíduo são produtos da tradição e da história. Cultivava os valores de uma moral comunitária, radicalmente antivitoriana e, portanto, visceralmente antiutilitarista. Isso não quer dizer que recusasse as virtudes criativas da modernidade capitalista nascida sob o lema do avanço das liberdades e da autonomia do indivíduo. O "amor ao dinheiro", dizia Keynes, é o sentimento que move o indivíduo na economia mercantil-capitalista. Fator de progresso e de mudança social, *the love of money* pode se transformar em um tormento para o homem moderno. A sanha competitiva não avalia os custos da refrega, "mas olha apenas para seus resultados finais, assumidos como permanentes".

No seu célebre artigo "O fim do *laissez-faire*", Keynes ironizou a ideia de que a busca do interesse privado levaria necessariamente ao bem-estar coletivo. "Não é uma dedução correta dos princípios da teoria econômica afirmar que o egoísmo esclarecido leva sempre ao interesse público. Nem é verdade que o autointeresse seja, em geral, esclarecido" (Keynes, 1989).

Os efeitos negativos do darwinismo social devem ser neutralizados pela ação jurídica e política do Estado e, sobretudo, pela atuação de "corpos coletivos intermediários"; como um Banco Central dedicado à gestão consciente da moeda e do crédito. Keynes (1989) acreditava que a cura para os males do capitalismo deve "ser buscada, em parte, pelo controle da moeda e do crédito por uma instituição central e, em parte, por um acompanhamento da situação dos negócios, subsidiados por abundante produção de dados e informações". Ele insistia na "direção inteligente pela sociedade dos mecanismos profundos que movem os negócios privados", particularmente as decisões sobre a posse da riqueza marcadas pelo conflito entre o investimento criador de riqueza nova – leiam-se emprego, rendimentos e lucros para trabalhadores e empresários – e a acumulação de valores fictícios, estéreis para a comunidade. No último capítulo de sua obra maior, *Notas finais sobre a filosofia social: a que pode levar a Teoria Geral*, Keynes constrói a síntese entre a sua filosofia moral e a crítica à "teoria clássica" empreendida ao longo do livro. Ele propõe um conjunto de políticas apoiadas nas concepções já sugeridas em 1933, no "The Means to Prosperity" [O caminho para a prosperidade]: "o problema econômico é uma questão de economia política, isto é, da combinação entre teoria econômica e a arte da gestão estatal".

O primeiro ponto desse arranjo de política econômica é a "socialização do investimento", entendida como a coordenação pelo Estado das relações entre o investimento público e privado. O "orçamento de capital" do governo deve ser administrado de modo a minorar as incertezas que contaminam o investimento privado. Para Keynes, uma socialização bastante completa do investimento seria o único meio de se aproximar do pleno emprego, "ainda que isso não exclua qualquer forma de cooperação entre a autoridade pública e a iniciativa privada". O segundo pilar da proposta keynesiana cuida da eutanásia do *rentier*. A política bancária e de crédito deve ser administrada para neutralizar "o poder de opressão acumulativo do capitalista para explorar o valor de escassez do capital [...] enquanto sejam intrínsecas as razões para a escassez da terra, isso não é verdade para a escassez de capital".

O terceiro ponto reclama um sistema fiscal que mantenha permanentemente a capacidade de redistribuir renda dos mais abonados para as classes menos favorecidas, com o objetivo de manter o consumo crescendo à mesma velocidade da expansão da renda.

O quarto ponto: Keynes clamava, já na *Teoria Geral*, por uma distribuição mais equitativa do ajustamento dos desequilíbrios de balanço de pagamento entre deficitários e superavitários, como forma de evitar os desatinos competitivos de "empobrecer o vizinho". Isso significava facilitar o crédito aos países deficitários e penalizar os países superavitários. O propósito era evitar os "ajustamentos deflacionários" e manter as economias na trajetória do pleno-emprego. Mais tarde, em Bretton Woods, Keynes propôs a Clearing Union, uma espécie de Banco Central dos bancos centrais. A Clearing Union emitiria uma moeda bancária, o *bancor*, destinada exclusivamente a liquidar posições entre os bancos centrais. Ele imaginava que o controle de capitais deveria ser "uma característica permanente da nova ordem econômica mundial".

As perspectivas que se desenhavam nos albores da economia industrial moderna despertaram a esperança do aumento do tempo livre desfrutado de forma enriquecedora por indivíduos autônomos. Essa utopia foi desmentida pela evolução real das sociedades industriais e pós-industriais (como querem alguns). Ao observar o nascimento do capitalismo da grande empresa e do consumo de massas, o economista norte-americano Thornstein Veblen desafiou a sabedoria econômica convencional com a publicação do livro *A teoria da classe ociosa*. Nessa obra clássica, Veblen ironizou as piedosas justificativas do enriquecimento obtido pelo exercício das virtudes da frugalidade e da poupança, bem como apontou a diferenciação do consumo das classes abastadas e sua imitação pelas subalternas como um fator decisivo para o "progresso" das modernas sociedades industriais.

"Com exceção", diz,

> do instinto de autopreservação, a propensão à concorrência é provavelmente o mais forte e persistente dos motivos econômicos. Numa comunidade industrial isso se exprime na concorrência pecuniária, isto é, em alguma forma de consumo conspícuo. As tendências para o desperdício conspícuo estão, portanto, prontas a absorver qualquer aumento da eficiência ou aumento industrial da comunidade, depois de supridas as necessidades físicas mais elementares. (Veblen, 1983, p.43)

A diferenciação do consumo e sua massificação tornou-se crucial para as perspectivas de crescimento das economias. Não se trata apenas da completa sujeição das "necessidades" aos imperativos da mercantilização universal. A euforia que precedeu a crise de 2007 revelou o caráter constitutivo da expansão do consumo na dinâmica do capitalismo moderno que combina virtuosamente o domínio do sistema de crédito sobre as decisões de gasto, a deslocalização da manufatura para as regiões de menor custo relativo, o aumento das escalas de produção e a rápida introdução do progresso técnico.

Os ganhos propiciados pela valorização da riqueza financeira dos mais abastados sustentaram o consumo conspícuo e, simultaneamente, facilitaram o crédito barato aos consumi-

dores menos afortunados. O circuito valorização da riqueza-
-diferenciação do consumo dos ricos "obriga" as famílias de
renda média e baixa a comprometer uma fração crescente de
seus ganhos com o endividamento no afã de acompanhar novos
padrões.

No mundo em que mandam os mercados da riqueza financeira e a concorrência entre as grandes corporações, os cidadãos
estão divididos entre vencedores e perdedores. Os primeiros, ao
acumular capital financeiro, gozam do "tempo livre" e do "consumo de luxo". Os demais se tornam dependentes crônicos da
obsessão consumista e do endividamento, permanentemente
ameaçados pelo desemprego e, portanto, obrigados a competir
desesperadamente pela sobrevivência. Esses controles suaves
foram se apoderando das mentes e das almas, mas apresentados como a prova da soberania indivíduo-consumidor.

A sociedade de massas, de outra parte, *criou* como carecimentos públicos o atendimento à saúde, à educação e ao transporte, ainda que tais serviços possam ser prestados por agentes
privados. Por isso, a democracia dos direitos sociais e econômicos nascida no pós-guerra respondeu a uma crise estrutural das
sociedades capitalistas ancoradas nos valores e nas práticas do
individualismo competitivo. O Estado de bem-estar nasceu e
se desenvolveu ao abrigo do Estado de direito *contra* os processos impessoais da concorrência capitalista em sua faina cega de
promover a sobrevivência do mais forte. A segunda metade do
século XX foi marcada por arranjos sociais e políticos destinados a restringir os efeitos da dinâmica capitalista, ou seja, dos
efeitos negativos da acumulação e da concorrência sem limites
sobre as vidas dos cidadãos.

Assim, o Estado social surge com o compromisso de reconhecer os direitos do cidadão, desde o seu nascimento até a
sua morte. Ele será investido nesses direitos desde o primeiro suspiro. Trata-se de uma dívida contraída pela sociedade, o
que impõe ao Estado a obrigação de prover a sua subsistência,

preservar sua dignidade, garantir sua educação e proteger sua velhice. No pós-guerra ocorreram, portanto, importantes transformações no papel do Estado. A função de garantir o cumprimento dos contratos, de assegurar as liberdades na esfera política e econômica, apanágios do Estado liberal, são enriquecidas pelo surgimento de novos encargos e obrigações: tratava-se de proteger o cidadão não proprietário dos mecanismos cegos do livre-mercado, sobretudo dos azares do ciclo econômico.

A crise deflagrada na segunda metade de 2007 foi obra dos gênios da finança tão desmiolada quanto despótica e de governantes cúmplices, fautores da crescente desigualdade social que acompanhou os desatinos da bolha imobiliária. Na contramão das lições extraídas na posteridade da Segunda Guerra Mundial, os governos cúmplices deixam os responsáveis à solta e apertam as tenazes nas jugulares das vítimas. Na Europa e nos Estados Unidos, governantes de todos os matizes cuidam de imolar a saúde, a educação, a aposentadoria de seus súditos mais frágeis no cadafalso dos mercados restabelecidos em seu orgulho e poder. Os programas de austeridade ameaçam transformar a vida dos cidadãos num calvário de sofrimentos e aspirações frustradas. Essa cadeia de privações materiais e psíquicas é entretecida nos subterrâneos da economia neoliberal, onde se articulam o poder da finança desregulada, a concorrência em escala global e as transformações na morfologia da grande empresa.

As questões relativas às estratégias de localização da corporação transnacional moderna ou de suas mutações morfológicas (constituição de empresas-rede, com concentração das funções de decisão e de inovação e dispersão das operações comerciais e industriais) devem ser avaliadas a partir dessa perspectiva. Analisada com mais profundidade, essa generalização da concorrência explicita uma nova etapa de reconcentração e recentralização dos blocos de capital, sob a égide e a disciplina do capital financeiro. A economia mundial atravessa um momento de intensificação da rivalidade intercapitalista (o que não exclui acordos e coalizões, mas os supõe) e, nesse clima, nenhum protagonista é capaz de garantir a posição conquistada. Por isso, todos se sentem compelidos a ganhar a dianteira.

O fenômeno se apresenta, *prima facie*, sob a forma de "contestação" das estruturas oligopolistas "estabilizadas" que regulavam a concorrência no período anterior. Entre as décadas de 1940 e 1970, o padrão de concorrência estava fundado na estabilidade das estruturas de mercado oligopolizadas. Eram oligopólios concentrados, dominantes na produção de bens homogêneos, ou oligopólios diferenciados, prevalecentes nos setores de intensa inovação tecnológica. A esse modelo de concorrência correspondia uma organização empresarial burocrática, rigidamente hierárquica, fruto da separação entre propriedade e controle, iniciada nas três últimas décadas do século XIX. O *administrador profissional* era o principal protagonista do processo de gestão ancorado na burocracia. A *administração por objetivos* surge como a forma de conferir aos administradores as condições adequadas para a tomada de decisões.

Nas camadas inferiores da pirâmide burocrática, a definição da *carreira* – incluída a escala salarial – era guiada por critérios meritocráticos. A ascensão aos cargos superiores desempenhava papel de mecanismo de controle, disciplina e, ao mesmo tempo, de incentivo aos funcionários dos escritórios e aos trabalhadores do chão de fábrica.

Luc Boltanski, em seu livro *O novo espírito do capitalismo*, demonstra que nas modernas relações de trabalho não se trata mais de seguir as ordens de chefes hierárquicos, marca registrada do período anterior. Na nova modalidade de concorrência, o que importa é a *motivação do funcionário*. São essas virtudes que garantem aos trabalhadores o compromisso com os resultados, sem o recurso aos critérios hierárquicos, o que, em princípio, abre espaço para a realização dos valores da criatividade individual. O envolvimento no projeto – seja um programa de qualidade, de redução de custos, aumento de vendas ou a busca de um novo produto – supõe que o trabalhador esteja disposto a assumir riscos. *Risk taking* é uma inclinação motivacional valorizada na formação de jovens candidatos a um emprego nas empresas submetidas à compulsão da concorrência na economia de mercado capitalista contemporânea.

O admirável mundo das novas atividades aprofunda a imersão das relações de trabalho no turbilhão da concorrência, agora dinamizada pelos impulsos das novas tecnologias de informação. Esses instrumentos, decisivos para os movimentos libertários e de contestação das ditaduras, transformam-se, no mundo do trabalho, em meios de dominação e controle. Servem para agrilhoar as vítimas da economia contemporânea e mantê-las sob a vigilância permanente da empresa ou dos contratantes, prolongando a jornada de trabalho muito além do que seria admissível para um fanático manchesteriano do século XIX.

O avanço da produtividade social do trabalho não se traduziu no esperado enriquecimento humano e cultural dos cidadãos. Muito ao contrário, descontada a liberdade do desemprego aberto, o avanço do subemprego e da precarização determinaram a criação de condições de trabalho mais duras, ainda que menos visíveis às vítimas. As relações de subordinação e dependência contemporâneas permitem a flexibilidade de horário, temperada com as delícias do trabalho "em casa", onde o trabalhador está permanentemente disponível para responder às exigências do empregador ou contratante. Diante de tantas e tais, alguns decretam a morte do sujeito moderno, aquele consciente de sua liberdade, empenhado na preservação de sua autonomia. Ele foi substituído pela concepção psicológica de um *indivíduo depressivo*, que foge de seu inconsciente, preocupado em retirar de si a essência de todo conflito. Os trabalhos de destruição da subjetividade moderna são realizados por uma sociedade que precisa exaltar o sucesso econômico e abolir o conflito. Os males do mundo podem ser solucionados com doses maciças de consumo, ou de Prozac, ou de qualquer objeto capaz de aliviar o sofrimento.

A "onda de inovações" na esfera das relações de trabalho foi acompanhada de uma agressiva campanha conservadora contra os direitos econômicos e sociais constituídos sob a égide do Estado de bem-estar. Agnes Heller, no livro *Mudar a vida*, analisa as reações das sociedades à recessão global do início dos anos 1980. Ela entendia, então, que o desemprego era estruturalmente diverso do desemprego dos anos 1930:

> As pessoas não morrem de fome, não são obrigadas a andar descalças na rua, mas conseguem viver, ainda que modestamente, através do seguro social. Por isso, as massas não reagem com um desespero tão espontâneo como o que ocorreu em 1929-1930. E talvez seja melhor assim, já que a catástrofe torna os homens mais sensíveis ao radicalismo de direita e aos movimentos nacionalistas.

De fato, as reações à crise de 2007 se espalham pelo mundo sob uma forma distinta daquelas observadas nos anos 1930. Os movimentos dos *ocupantes* e dos *indignados* revelam uma rejeição às formas políticas unitárias. Congregam uma impressionante diversidade de pontos de vista, frutos da diferenciação social produzida pelo desenvolvimento do capitalismo. A diversidade, no entanto, está disposta em um grande painel de protesto contra as desigualdades e o poder desproporcional da finança. Essa maioria não sofre as agruras da fome e da privação absoluta que assolaram os povos na crise dos anos 1930, mas, sobretudo nos Estado Unidos, os 99% padecem os efeitos da estagnação dos rendimentos familiares nos últimos trinta anos, do desemprego de longo prazo, do aumento da pobreza e do desamparo na doença.

Os movimentos se alevantam contra o desprezo dos poderosos da política e da finança com o destino da maioria. Os descontentes descobriram que a banca norte-americana está enterrada até o pescoço nas fraudes contratuais que iludiam os devedores, sobretudo os mais pobres e dependentes. Estimulados por comissões polpudas, os maganões trataram de escamotear os contratos de empréstimo. Mas isso não é o pior: tudo indica que debaixo do angu ainda há muito peixe. E a julgar pelo cheiro o pescado está podre. A cumplicidade entre grandes empresas, bancos e governo é a marca registrada do capitalismo contemporâneo.

A sucessão de escândalos empresariais nos Estados Unidos deixou de calças na mão os arrogantes e presunçosos do primeiro mundo ocidental. Digo ocidental porque muitos juravam de pés juntos: as encrencas das crises financeiras na América Latina e na Ásia eram o resultado lógico de sistemas bancários concebidos para um "capitalismo de compadres". Coisa de orientais e latinos que descuravam da supervisão e regulamentação de seus sistemas bancários.

John Wellington Ennis, autor do documentário *Pay 2 Play: Democracy's High Stakes* [Pague para jogar: os graves riscos da democracia], vai ao ponto: o movimento Ocuppy Wall Street reage contra a deformação da democracia norte-americana convertida

> em um sistema abusivo de bem-estar corporativo, no qual as grande empresas pagam o menos possível para prosperar, enquanto gastam rios de dinheiro para conseguir impostos mais baixos, contratos com o governo ou relaxamento das restrições ambientais. Os ciclos eleitorais asseguram crescentes oportunidades para os candidatos cortejados com dinheiro [...] quanto mais gastam nas campanhas, mais os candidatos se tornam dependentes dos grandes financiadores. Os eleitos pagam os apoiadores com frouxa supervisão, contratos sem licitação, e, até mesmo, aceitam patrocinar projetos de lei escritos pelos doadores.

É simples: o capitalismo à norte-americana atropela a democracia.

Sendo assim, temos de entender as políticas neoliberais como uma tentativa de *reestruturação regressiva*. Esse é o momento em que, tanto do ponto de vista prático, quanto ideológico e teórico, as classes dominantes e dirigentes, em escala mundial, apostam (e ganham) no retrocesso, no recuo das conquistas sociais e econômicas das classes subalternas. Não é de espantar que se observe a corrosão das instituições republicanas, que seja constante e reiterada a violação dos direitos sociais acumulados ao longo dos últimos trinta anos. Torna-se, portanto, agudo o conflito entre a aspiração a uma vida decente, segura, economicamente amparada e as condições reais de existência que, segundo o cânone liberal, devem ser definidas pelas regras impostas pelos processos de "regeneração capitalista". Difunde-se a ideia de que a *liberação* das forças que impulsionam a acumulação de capital é um movimento "natural" e "irreversível" em direção ao progresso e à realização da autonomia do indivíduo.

2
O *capital* e a ontologia do ser social

Introdução

O triunfo do capitalismo é a generalização do mercado.

Gilles Dostaler, *Marx, la valeur et l'économie politique*

Na aurora da Idade Moderna, a expansão do comércio nos poros da ordem feudal, a ciência experimental de Bacon, o *cogito* de Descartes desembaraçaram o sujeito de sua submissão ao mundo objetivo e estimularam o projeto do controle da natureza e do destino humano pela razão. Desde então, o sujeito pretendeu cobrar os seus direitos de dominação, reivindicando o poder de suas Luzes, abominando os obstáculos da tradição ou de tudo que lhe figurasse contrário aos princípios de uma ordem natural, desvendada e comandada pela "razão".

A economia política clássica já estava "contida" no pensamento político e moral inglês do século XVII e na filosofia da

Ilustração do século XVIII, que tentavam responder aos desafios colocados pelo nascimento de uma sociedade de indivíduos livres, nos interstícios da ordem assegurada pelo Estado absolutista.

Carl Schmitt (1986) afirma que ninguém compreendeu tão bem a natureza da sociedade dos indivíduos como Hobbes. Quando este se refere ao *estado de natureza*, não está se referindo ao momento de constituição do Estado, mas a um momento em que o Estado está ausente, em que as hordas privadas mergulhavam a sociedade dos indivíduos na guerra civil. Isso o fez concluir que é o medo do aniquilamento que constrange os indivíduos a entregar a própria liberdade aos cuidados do Leviatã.

Para o Hobbes de Schmitt, a visão do *estado de natureza* como um estado em que os homens conviviam pacificamente, em que o homem era naturalmente bom, *só pode surgir em uma sociedade em que o Estado está consolidado*, em que a sociedade civil já está submetida às leis emanadas do soberano. A visão do bom selvagem, do homem predisposto ao contrato com o outro, como Locke a formula, pressupõe o Estado já organizado.

Hobbes, ao contrário, surpreende a sociedade dos indivíduos no momento em que o Estado submergiu na voragem da guerra religiosa, soçobrou na crise da sociedade governada pelo desejo e pelo medo. Para ele, a possibilidade de o Estado ser destruído em uma crise desencadeada pelas rivalidades "particularistas" da sociedade civil é permanente. Na *Teoria dos sentimentos morais*, Adam Smith (1984) dispõe-se a refutar

> tão odiosa doutrina e provar que, anteriormente a qualquer lei ou instituição positiva, a mente estava dotada naturalmente da faculdade que permitia distinguir, em certas ações e afeições, as qualidades do certo, do louvável e do virtuoso, e, em outras, aquelas do errado, do condenável e do vicioso [...]. É através da razão que descobrimos essas regras gerais de justiça que regulam nossas ações.

Em *A riqueza das nações*, Smith deriva a propensão para a troca a partir das inclinações naturais do indivíduo naquele "estado rude e primitivo da sociedade". A troca de mercadorias decorre da disposição natural dos indivíduos privados à relação com o "outro", cimentando em bases firmes e racionais a nova "sociabilidade". Os indivíduos, produtores independentes de mercadorias, buscando o seu interesse, "constituem" a sociedade. Smith procede, na verdade, a uma "despolitização" das relações sociais, procurando afirmar a autonomia da sociedade econômica em relação ao Estado absolutista, sublinhando o seu caráter natural e "espontâneo", que se deixa revelar na sabedoria providencial e impessoal da mão invisível.

Enquanto a dependência do político permanecesse, como sustentavam as teorias econômicas do mercantilismo, não era possível pensar a economia como um sistema natural, submetido à operação de leis semelhantes às que comandam o mundo físico e biológico. A economia surge, portanto, com a pretensão de se constituir numa esfera privilegiada da convivência, em que a liberdade é uma imposição das leis que regem a natureza humana. As leis naturais encontram na "razão" dos indivíduos a predisposição para as relações contratuais, concertadas mediante a livre disposição da vontade das partes. Tais leis devem seguir o seu curso, desembaraçadas da interferência e do arbítrio da política. *"Laissez-faire, laissez-passer"*, clamavam os fisiocratas, imaginando o organismo econômico como um análogo dos biológicos.

A economia, ao longo do século XIX, tomou como paradigma científico a imponente construção da mecânica clássica e como paradigma moral o *utilitarismo* da filosofia radical do final do século XVIII. O *homo oeconomicus*, dotado de conhecimento perfeito, procura maximizar sua utilidade ou seus ganhos, diante das restrições de recursos que lhe são impostas pela natureza ou pelo estado da técnica. Os modelos de equilíbrio geral, com informação perfeita ou mercados completos, são os replicantes do Demônio de Laplace. Em seu pecado original de orgulho iluminista, ele se pretende "uma inteligência que abarcaria, na mesma fórmula, os movimentos dos maiores corpos do universo e do menor átomo: para ele nada seria incerto e o futuro e o passado estariam sempre *presentes* sob seus olhos".

No livro *Valor e capitalismo*, cuidei dos fundamentos da chamada Revolução Marginalista. A revolução de Stanley Jevons, Karl Menger e Leon Walras procurou subverter os alicerces da economia política, abandonando a investigação sobre as leis do movimento do capitalismo, para postular as condições de equilíbrio no processo de troca. O ataque marginalista incidiu, desde logo, sobre a teoria do valor-trabalho, que explicava a forma-valor dos produtos a partir das relações entre produtores independentes, para se fixar no conceito de *utilidade*, que realça as relações entre os indivíduos e bens escassos.

Na realidade, privilegiar a utilidade como fundamento do valor significa remeter todo o peso da constituição da sociedade às preferências individuais, de modo que a troca apareça como uma derivação dessas preferências.

As leis sociais que a economia política procura descobrir – escreve Bôhm-Bawerk – repousam sobre os atos concordantes dos indivíduos. A concordância dos atos, por sua vez, se dá em virtude das causas concordantes que os determinam. Nessas condições, há muitas possibilidades de que as leis sociais sejam explicadas pelos motivos que levam os indivíduos a esses atos, isto é, sua explicação deve, necessariamente, remontar a esses motivos. (Bôhm-Bawerk apud Boukharine, 1972, p.45)

É comum entre os comentadores da teoria da utilidade marginal a afirmação de que ela fundamentalmente deslocou a ênfase das condições de produção para a esfera do intercâmbio de valores de uso. Ora, a questão colocada nesses termos só obscurece a compreensão de que a ideia de utilidade como fundamento do valor não supõe a existência de relações de troca entre os indivíduos, mas começa exatamente por prescindir delas. De fato, para que a *utilidade* tenha um significado não ambíguo é necessário resgatar o indivíduo de suas relações com os demais, o que implica concebê-lo de uma forma inteiramente "natural", como um complexo de necessidades em contraposição a recursos escassos. Shackle definiu o valor como "a sombra do comportamento", colocando a questão nesses termos: "O valor surge da *possibilidade* da troca. Até que uma coisa possa ser possuída, em detrimento de outra, não surge o problema de se determinar a equivalência entre ambas". Logo em seguida, adverte que a ideia de troca, concebida dessa forma,

não envolve necessariamente duas partes. O intercâmbio potencial entre dois bens, quando cada um deles pode ser produzido com o mesmo conjunto de recursos disponíveis, é uma escolha com que se defronta Robinson Crusoé ou qualquer indivíduo livre que disponha de tempo e poder para dirigi-la em uma ou em outra direção [...]. Quando falamos de um indivíduo livre, estamos nos referindo a alguém inteiramente isolado da influência de outros homens. (Shackle, 1972, p.108)

A ideia de troca como *escolha* entre duas ou mais posições alternativas permite generalizar e tornar mais precisa a noção de utilidade como fundamento do valor, e defini-la como uma relação entre os incrementos de utilidade, *dadas* as quantidades de bens ou recursos. É preciso ressaltar que, dessa forma, a adoção da teoria da utilidade marginal conduziu a uma subversão radical da problemática da economia política. Trata-se, agora, de discutir as condições de equilíbrio no processo de "troca", entendida como escolha entre duas ou mais posições subjetivas equivalentes. *Dada* certa quantidade de bens ou recursos, o problema que se coloca é o de distribuí-los eficientemente entre usos alternativos, de modo que a vantagem obtida como uma utilização compense exatamente a perda por não utilizá-los de outra forma.

Tanto se estamos nos referindo à distribuição de uma dada renda monetária entre determinado número de bens de consumo, como se nos referimos à alocação de fatores de produção entre usos alternativos, ou à distribuição de certo período de tempo entre trabalho e descanso, o princípio é sempre o mesmo. Ademais, em cada caso, o problema da alocação possui uma solução máxima somente se o processo de transferir uma unidade do recurso em questão para determinado uso, em detrimento dos demais, estiver sujeito a rendimentos decrescentes. (Belluzzo, 1980, p.56)

A versão dos epígonos da economia clássica procura apresentar o ser racional, calculador e egoísta como fundamento da sociedade, definida como a agregação dos indivíduos atomizados. São naturais e, portanto, incontornáveis as leis que induzem todo indivíduo à troca e o submetem ao veredicto da concorrência, ao julgamento impessoal e imparcial do mercado, entendido como lócus de conciliação dos egoísmos privados. A racionalidade individual é um pressuposto metodológico da corrente dominante, necessário para apoiar a "construção" do mercado como um servomecanismo capaz de conciliar os planos individuais e egoístas dos agentes. Quando esse pressuposto está ameaçado por alguma evidência lógica ou empírica que o contraria, diz Lawrence Boland, os teóricos neoclássicos frequentemente empregam argumentos *ad hoc* para rechaçar qualquer crítica; assim a crítica da hipótese da maximização da utilidade pelos indivíduos racionais tem, antes, de enfrentar o método da economia neoclássica e não o próprio pressuposto.

A epistemologia da corrente dominante oculta uma ontologia do econômico que postula uma visão da estrutura e das conexões da sociedade mercantil capitalista. Para esse paradigma, a sociedade em que se desenvolve a ação econômica é constituída mediante a agregação dos indivíduos, articulados entre si por nexos externos e não necessários, tais como os que atavam Robinson Crusoé a Sexta-Feira. Explico melhor esse ponto com a ajuda do filósofo Roy Bhaskar. Ao tratar dos fundamentos epistemológicos da física clássica, Bhaskar ajuda a reconstituir a ontologia dos economistas neoclássicos. A concepção atomística exige que as relações de causalidade devam ser extrínsecas. Os sistemas não dispõem de uma estrutura intrínseca, isto é, esgotam-se nas propriedades atribuídas aos indivíduos que os compõem. Assim, toda ação deve se desenvolver pelo contato. Os indivíduos "atomizados" não são afetados pela interação com os demais e, portanto, a ação humana deve se resumir à comunicação das propriedades a eles atribuídas.

Bhaskar refere-se ao paradigma da física clássica. Mas sua definição é imediatamente aplicável aos fundamentos da concepção neoclássica da sociedade econômica formada por indivíduos racionais e maximizadores. Essas partículas definem a natureza da ação utilitarista: jamais alteram o seu comportamento na interação com as outras partículas carregadas de "racionalidade". Os fundamentos da teoria econômica dominante definem coerentemente o mercado como um ambiente comunicativo cuja função é a de promover de modo mais eficiente possível a circulação da informação relevante.

Essa metodologia reivindica o caráter passivo e inerte da matéria e a causação é vista como um processo linear e unidirecional, externo e inconsistente com a geração do novo. Na versão epistemológica, reduto preferido do positivismo, os fenômenos são apresentados como qualidades simples e independentes, apreendidas por meio da experiência sensível. Nesse caso, a causalidade é vista como a concomitância regular de eventos que se expressa, depois de processada passivamente pelo sujeito do conhecimento, sob a forma de leis naturais. Não é surpreendente, portanto, que a suposição fundamental das teorias novo-clássicas, com expectativas racionais, afirme que a estrutura do sistema econômico no futuro já está determinada agora. Isso porque a função de probabilidades que governou a economia no passado é a mesma distribuição de probabilidades que a governa no presente e a governará no futuro. Haveria por detrás das ações humanas estruturas *naturais* capazes de garantir a reprodução, quase sem atritos, das relações sociais. Tudo o que é sólido *não* se desmancha no ar.

Os economistas da corrente dominante tiveram sucesso na empreitada de "renaturalizar" os nexos monetários e mercantis e apresentá-los como as condições necessárias e suficientes para se alcançar simultaneamente a liberdade, a igualdade e a fruição da máxima utilidade para todos. A operação ideológica promove a identificação do capitalismo ao mercado, à liberdade de contrato e à desimpedida circulação de mercadorias, incluída a força de trabalho.

O *capital* como crítica da economia política

Em *O capital*, Marx começa sua exposição afirmando que "a riqueza das sociedades em que impera o regime capitalista de produção aparece como um imenso arsenal de mercadorias e a mercadoria como sua forma elementar. Por isso, nossa investigação arranca da análise da mercadoria" (Marx, 1966, p.3, v.I). Esse parágrafo de abertura está carregado de implicações para a compreensão das relações entre o percurso da investigação e o método de exposição de *O capital*. Como argumentou nas *Glosas marginais ao Tratado de Economia Política de Adolpho Wagner*, Marx não parte do *valor* e da *riqueza* como categorias a-históricas, mas da mercadoria como *objetivação das relações* entre produtores independentes em uma *sociedade determinada* em que o produto dos trabalhos privados é inteiramente destinado ao intercâmbio.

A forma valor que reveste o produto do trabalho é a forma mais abstrata e, ao mesmo tempo, a mais geral do regime burguês de produção, caracterizado, assim, como uma *modalidade específica de produção social* e, por isso mesmo, como uma modalidade histórica. Portanto, quem vir nela uma forma natural e eterna da produção social passará por cima necessariamente do que há de específico na forma valor e, por conseguinte, na forma mercadoria, que ao desenvolver-se conduz à forma dinheiro, à forma capital etc. Encontramos, em economistas que coincidem totalmente em reconhecer o tempo de trabalho como magnitude do valor, as ideias mais variadas e contraditórias sobre o dinheiro, quer dizer, sobre a *forma definitiva* em que se plasma o equivalente geral. Assim o revelam os estudos sobre os bancos, em que não bastam as definições do dinheiro feitas de lugares comuns. (Marx, 1966a, p.41, v.I)

A expressão "forma definitiva" empregada por Marx na citação anterior é crucial para a compreensão do método de "reconstituição" do regime do capital como totalidade concreta, a partir da mercadoria, categoria abstrata. Nos *Grundrisse*, Marx afirma que

toda ciência histórica, social, ao observar o desenvolvimento das categorias econômicas, deve sempre levar em conta que o sujeito – neste caso a moderna sociedade burguesa – é algo dado, tanto na realidade como na mente. As categorias expressam, portanto, formas de ser, determinações de existência, frequentemente simples aspectos desta sociedade determinada, deste sujeito, e que, portanto, desde um ponto de vista científico, sua existência de nenhum modo começa no momento em que se começa a falar dela como tal. (Marx, 1971b, p.27, v.I)

O sujeito (objeto) é o regime do capital plenamente constituído – e sua lei de movimento, tal como aparecem aos olhos do observador interessado. O deslindamento do objeto em questão obriga a uma *incursão retroativa* para que se possa chegar às categorias mais simples dessa totalidade complexa. Daí é possível a exposição das conexões entre essas categorias elementares, abstratas e as formas mais desenvolvidas, concretas. A mercadoria, em sua dupla natureza de valor de uso e valor de troca é o ponto de partida da exposição porque exprime as "relações elementares" do modo de produção capitalista já constituído em todas as suas formas. Não se trata de um movimento próprio da dialética hegeliana de "passagem" (superação com conservação) da mercadoria para o dinheiro, do dinheiro para o capital, do capital industrial para o capital a juros e o sistema de crédito. Marx realiza a operação inversa: apresenta a mercadoria, o dinheiro e as relações de trabalho, as forças produtivas e a acumulação e reprodução do capital como momentos do modo de produção capitalista já constituído em todas as suas formas. O processo de desvendamento das conexões internas desse modo de produção é, ao mesmo tempo, um desdobramento das *formas* que levam à "universalização da sede de acumulação de riqueza abstrata".

Marx argumenta que "isso significa simplesmente que a lei do valor supõe para seu desenvolvimento completo a sociedade da grande produção industrial e a livre concorrência, ou seja, a moderna sociedade burguesa" (Marx, 1971b, p.29, v.I). Em sua controvérsia a respeito da interpretação "hegeliana" de *O capital* proposta por Chris Arthur, Jacques Bidet afirma que a imposição do *reino do valor*, isto é, a determinação do valor pelo tempo de trabalho socialmente necessário, supõe o pleno desenvolvimento do capitalismo e a grande indústria concorrencial. "Arthur pretende concluir que o conceito de mercadoria não pode ser tratado antes do conceito de capital. Ele comete, em sentido inverso, a mesma confusão da *démarche* historicista" (Bidet, 2004, p.49).

Ao iniciar a exposição, partindo da mercadoria como categoria elementar da riqueza nas sociedades em que impera o regime capitalista de produção, Marx anuncia o método lógico-

-genético de "apresentação" em que as formas desenvolvidas, concretas das relações capitalistas – o capital a juros e o sistema de crédito, por exemplo –, não são deduzidas das formas mais simples como a mercadoria, o dinheiro, o trabalho assalariado, mas, ao contrário, essas categorias expressam "formas de ser, determinações de existência, frequentemente simples aspectos desta sociedade determinada" (Marx, 1971b, p.27, v.I).

Nos *Prolegômenos para uma ontologia do ser social,* Georg Lukács cuida de explicar que Marx concebe de saída o mundo que nos é dado (seja a natureza ou a sociedade) como a síntese real de processos e não como "imediatidade" cujas determinações se constroem primeiro no pensamento.

O método de conhecimento é determinado pela constituição objetiva (ontológica, categorial) de seu objeto [...]. O conhecimento científico e também filosófico deve partir da objetividade concreta do existente que a cada vez torna-se seu objeto e desembocar no esclarecimento de sua constituição ontológica. (Lukács, 2010, p.129)

Lukács reafirma a visão de Marx sobre o *método da economia política* apresentado no primeiro capítulo do volume I dos *Grundrisse* e na *Contribuição à crítica da economia política.* Marx diz que seria impraticável e errôneo alinhar as categorias econômicas na ordem em que foram historicamente determinantes. Sua ordem de sucessão está, ao revés, determinada pelas relações que existem entre elas na moderna sociedade burguesa e que é exatamente o inverso do que parece ser sua ordem natural.

Não se trata da posição que as relações econômicas assumem historicamente em sucessão nas distintas formas de sociedades. Muito menos de uma ordem de sucessão "na ideia". Trata-se de sua articulação no interior da moderna sociedade burguesa. (Marx, 1971b, p.29, v.I)

Assim, no primeiro volume de *O capital*, Marx empreende uma crítica radical da teoria do valor-trabalho formulada por Smith e Ricardo, sem deixar de reconhecer a importância da "descoberta" da natureza dos nexos mercantis por seus antecessores.

Não há dúvida de que o conceito de trabalho abstrato de Marx nasce da intuição de Smith ao observar o avanço da divisão do trabalho entre produtores independentes, cujo egoísmo, para o bem geral, é coordenado pelo processo impessoal da mão invisível. No "mundo abarrotado de mercadorias", a igualação dos trabalhos produzida pela expansão dos mercados, ou seja, pela multiplicação de produtores independentes – proprietários dos meios de produção – se efetua pela transfiguração do estado "natural" dos "produtos" em sua qualidade social de mercadorias. A digressão de Marx busca demonstrar que o intercâmbio generalizado de mercadorias, ou seja, o mercado capitalista, pressupõe a admissão pelos produtores individuais da "igualdade" de seus trabalhos concretos. O intercâmbio generalizado é possível porque o trabalho de um produtor de mercadorias é entendido pelo outro como equivalente ("entendido" quer dizer *imposto* pelo movimento de totalização das relações sociais executado pelas forças impessoais do mercado).

Mercadoria, equivalente geral e dinheiro

Mas o intercâmbio de mercadorias não pode ser realizado diretamente pela equivalência dos tempos de trabalho. Os produtores de mercadorias não trocam os seus tempos de trabalho. Eles trocam os produtos de seu trabalho que se oferecem no espaço das trocas como mercadorias, encarnações do trabalho *para outrem*. A troca entre o trabalho do produtor A pelo trabalho do produtor B ocorre necessariamente por meio das mercadorias. A existência de trabalhos igualados pelo intercâmbio generalizado cria a possibilidade da troca, mas a troca efetiva só ocorre na medida em que as mercadorias se confrontam no mercado como valores de uso distintos sob o comando da forma *valor*. Marx vai mostrar que, já na forma simples do valor, a mercadoria A exprime o seu valor na mercadoria B. São as mercadorias que se enfrentam como produtos de trabalhos úteis equivalentes, mas na economia mercantil, em que a sociedade se move por meio do metabolismo da troca, esse enfrentamento só pode se realizar mediante a seleção de uma mercadoria particular que exprime o valor de troca de todas as demais. Essa mercadoria particular vai ser "escolhida" pela reiteração da troca.[1]

A unidade contraditória entre valor de uso e valor, presente na mercadoria, se exterioriza *materialmente* na forma equivalente geral. Em uma sociedade em que a troca é generalizada, em que todos os produtos do trabalho privado são voltados para a troca, estamos obrigados a imaginar teoricamente a existência de uma mercadoria capaz de exprimir o *valor* de todas as demais. Cuida-se aqui de uma mercadoria cujo valor de uso encarna o trabalho abstrato errogado pelo conjunto de produtores. Essa mercadoria é, ao mesmo tempo, a afirmação do trabalho abstrato como substância do valor e a negação da possibilidade da troca direta de mercadorias (*barter*) no capitalismo. Devo ao professor José Carlos Braga uma observação

---

1 É pouco mencionado que, já nos capítulos em que cuida da circulação simples de mercadorias e do dinheiro, Marx apresente o Estado moderno como companheiro inseparável da mercantilização geral. Nos capítulos sobre a gênese do dinheiro em sua formatação mercantil, Marx apresenta o Estado como fiador da moeda e garantidor da confiança dos produtores no resultado de sua labuta. O sistema jurídico liberal – particularmente as codificações do direito civil e comercial – foi concebido para permitir a fluidez da circulação de mercadorias e dinheiro e, ao mesmo tempo, conter os impulsos individuais dos que pretendam arranhar as ilusões de equivalência e igualdade. Em sua essência a soberania monetária está apoiada na arquitetura jurídica que sustenta os indivíduos livres em sua condição de produtores de mercadorias, apenas submetidos às normas dos contratos garantidos pelo Estado.

seminal: na construção de Marx, o valor é o "inconsciente" da sociedade mercantil-capitalista.

A economia de troca generalizada é necessariamente uma economia monetária, ou seja, aquela que impõe a manifestação das relações entre os trabalhos privados mediante a "exteriorização" de um *equivalente geral*. O aprofundamento e a difusão das relações de troca estimulam e são estimulados pela divisão do trabalho, a especialização das atividades e os ganhos de produtividade que estabelecem o tempo de trabalho socialmente necessário.

Isso quer dizer que os produtores produzem diretamente para a troca com o objetivo de transformar a sua mercadoria particular em dinheiro, na *forma do valor e na expressão geral da riqueza*. Esse é o sentido da sociedade de intercâmbio generalizado. Lucca Fantacci, em seu livro *La moneta: storia di un'instituizione mancata* [A moeda: história de uma instituição falha], observa que a economia de troca direta de produtos (escambo) pode envolver, e em geral envolve, a presença do dinheiro como unidade de conta e como meio de circulação. Mas, no escambo, o dinheiro desaparece da circulação e, portanto, não cumpre sua função primordial na economia monetária capitalista, a de reserva de valor, ou seja, de forma geral do valor e expressão universal da riqueza.

O dinheiro de Marx "nasce" do mundo das mercadorias – porém, uma mercadoria especial, uma vez "escolhida" para exprimir o valor das demais. A passagem do equivalente geral para o dinheiro-mercadoria é um procedimento lógico-genético que exprime de maneira teórica a "natureza social" e o "desenvolvimento" das relações mercantis observadas no regime do capital já constituído. As mercadorias não podem circular *sem exprimir o seu valor na mercadoria universal e perdem a condição de valores* se "fracassarem" no momento do salto mortal, ou seja, na conversão da mercadoria em dinheiro. Elas foram produzidas pelos trabalhos privados com o objetivo de realizar seu preço em dinheiro, mas é permanente o risco da recusa do mercado, entendido como um *processo incessante de totalização das relações sociais que se realiza às costas dos produtores, independentemente de suas preferências ou escolhas*. Neste momento, manifesta-se a natureza da sociabilidade imposta pelo mercado capitalista. O mercado comanda a "liberdade" dos produtores individuais e opera como um movimento constantemente renovado de totalização das relações entre os trabalhos privados, permanentemente sujeito à incerteza e ao colapso. Não há, portanto, na análise de Marx, a possibilidade de se estabelecer *a priori* as condições de equilíbrio nas relações de intercâmbio entre os valores definidos pelos trabalhos privados. A realização dos valores pretendidos pelos possuidores das mercadorias só pode ser verificada *a posteriori*. O valor "ideal" das mercadorias deve ser chancelado pelo veredito impessoal do mercado, ou seja, pela transformação das mercadorias em dinheiro.[2]

Na *Miséria da filosofia*, Marx critica a proposta de John Gray de medir o valor das mercadorias diretamente pelo tempo de trabalho gasto em sua produção mediante a emissão do *dinheiro-trabalho*. Esse "dinheiro" emitido por uma autoridade central recompensaria cada produtor individual conforme sua contribuição à formação da totalidade do valor gerado pela sociedade. Marx investe contra o dinheiro-trabalho com uma argumentação fulminante:

> [Gray] imaginou que as mercadorias poderiam se relacionar entre si, diretamente, como produtos do trabalho social.

---

2 O "salto mortal" da mercadoria é um momento crucial da investigação marxista acerca das leis de movimento do capitalismo. Nesse "momento" já estão postas, ainda numa dimensão "abstrata", duas questões: 1) as relativas à realização do valor e da mais-valia no circuito do capital-dinheiro (D-M-D') e 2) as que tratam da permanente tensão entre a compulsão "estrutural" à acumulação e a incerteza que aflige as decisões dos proprietários do capital, "o valor que se valoriza".

Elas, porém, só podem se relacionar entre si por aquilo que são. E são, imediatamente, produtos de trabalhos privados, independentes e isolados, que, através de sua alienação no processo da troca privada, devem ser reconhecidos pela alienação universal dos trabalhos individuais. Mas, ao colocar o tempo de trabalho contido nas mercadorias como *imediatamente social*, Gray o coloca como tempo de trabalho coletivo ou como tempo de trabalho de indivíduos diretamente associados. Nesse caso, realmente uma mercadoria específica como o ouro e a prata não poderia apresentar-se diante das outras como encarnação do trabalho geral; o valor de troca não se converteria em preço; mas também o valor de uso não se transformaria em valor de troca e o produto não se transformaria em mercadoria, de forma que a própria base da produção burguesa seria suprimida. (Marx, 1965, p.179)

Os "bens de consumo" assumiram funções monetárias em economias primitivas em que a troca estava restrita aos interstícios da sociedade governada pelas regras da tradição religiosa ou militar. O gado e o sal, por exemplo, desempenharam ao longo da história a função de meio de troca e de pagamento. Nesse ambiente de desenvolvimento mercantil limitado eram exatamente os bens de maior utilidade que protagonizavam as funções monetárias. Fantacci em seu livro observa que,

na Antiguidade, o dinheiro era um bem concreto como a pécora, pecúnia. A riqueza poderia ser contada e recontada em termos de dinheiro, mas não contabilizada de forma abstrata: existiam dívidas concretas, mas não passivos abstratos registrados no balanço. (Fantacci, 2005, p.159)

Os metais preciosos, como o ouro e a prata, ao contrário, tinham escassa utilidade na satisfação das necessidades mais imediatas. Mas passaram a cumprir as funções monetárias no mesmo passo em que se dava a expansão dos mercados. Esses metais não são "naturalmente" moedas, mas suas qualidades naturais os tornaram elegíveis para desempenhar as funções monetárias exigidas nas sociedades em que o mercado passa a dominar a criação e distribuição da riqueza e da renda. É possível afirmar que o progresso da produção para o mercado promove a absorção das funções monetárias nos metais preciosos, quase inúteis do ponto de vista da satisfação das necessidades. Já na Antiguidade, os metais circulavam como moedas quando submetidos à sanção do soberano. A cunhagem do ouro ou da prata, um procedimento jurídico-político, determinava, simultaneamente, a conjunção e a distinção entre moeda e matéria. Durante o processo histórico de transformação dos metais preciosos em moeda (especialmente o ouro e a prata), a cada fração de peso desses metais era atribuído um valor, grafado no metal cunhado. Fantacci diz que o ato político-jurídico da cunhagem "transformava a unidade de medida ideal no meio de troca real, ao mesmo tempo que dissociava o metal enquanto moeda do metal enquanto mercadoria" (Fantacci, 2005, p.161).

O processo conjunto de expansão do comércio e de formação do Estado moderno lançou um desafio à prerrogativa do príncipe ou do soberano. A partir da Revolução Comercial e do Renascimento, episódios que acompanharam o declínio do feudalismo, a coexistência entre a vigorosa universalização mercantil e o processo de formação dos Estados nacionais suscitou a criação de duas esferas monetárias: enquanto o ouro e a prata eram moedas-mercadoria de valor universal, aptas a denominar contratos e liquidar obrigações no comércio a longa distância, o poder de cunhagem dos príncipes fixava o valor da moeda imaginária no âmbito do comércio local ou nacional.

A concomitância entre a expansão do mercado mundial e a formação dos Estados nacionais acentuou as contradições entre o poder do príncipe – o exercício da soberania monetária em seu território – e as exigências mercantis e capitalistas de uma ordem monetária global. Entre os séculos XV e XIX, o embate prático e ideológico – desde os mercantilistas até os fundadores da moderna economia política – travou-se em torno do conflito entre a universalização do dinheiro a partir de seu caráter mercantil-capitalista e as limitações impostas pelo exercício da soberania. No final do século XIX, o avanço e a metástase da Revolução Industrial para os Estados Unidos e para a Europa continental foram acompanhados pela constituição de um sistema financeiro global, sob a hegemonia da libra. Essas transformações da economia mercantil-capitalista "resolveram" – no imaginário social e na prática dos negócios –, provisoriamente, a "contradição" a favor da concepção mercantil e metálica da moeda, com a adoção do padrão-ouro.

Ao promover a ampliação do espaço das trocas, a mercantilização geral, o padrão-ouro impôs o predomínio absoluto dos critérios de mensuração da riqueza sob a forma abstrata. Esse movimento se desenvolve, como já foi dito, nas práticas da vida material e no imaginário social dos protagonistas do processo econômico. Mas, ironicamente, a afirmação da moeda-mercadoria universal promove a crescente abstração de suas determinações materiais. A forma material se submete às determinações funcionais, ou seja, as moedas eram socialmente aceitas pelo valor que diziam portar. A quantidade de ouro que elas de fato carregavam foi se tornando indiferente, produzindo uma dissociação de seu papel monetário do conteúdo material que a constituía.

A economia monetária de Marx, assim como a de Keynes, reconhece o caráter "originário" da função *medida de valor*. Ela se realiza na prática sob a forma de unidade de conta, "nome aritmético" da medida de valor.

Como o dinheiro enquanto padrão de preços é algo puramente convencional e algo que precisa ser acatado por todos, é preciso a intervenção da lei para regulamentá-lo [...]. Como se vê, os preços e as quantidades de ouro em que se convertem idealmente os valores se expressam agora em nomes monetários, ou seja, em nomes aritméticos que a lei determina. (Marx, 1966a, p.61, v.I)

É dessa função que decorrem as demais, meio de circulação, meio de pagamento e reserva de valor. A função de meio de circulação está diretamente associada à unidade de conta. Essas duas funções executam de forma reiterada os ritos do reconhecimento social que acompanham o processo de socialização dos indivíduos privados, livres e separados: primeiro, denominar cada mercadoria particular no dinheiro ideal, declarar sua pretensão de se transformar em dinheiro real, depois, submeter-se à aceitação dessa declaração pelo tribunal do mercado, mediante a sua transformação efetiva na forma geral do valor. Marx diz que o dinheiro é valor substantivado e todas as mercadorias têm de referir-se a ele, mas, como já foi dito, trata-se de uma aposta. Não há aí um sistema de preços "reais" relativos que garantam o equilíbrio do sistema. É preciso deixar isso claro para não confundir Marx ou Keynes com Walras. Morishima fez um péssimo trabalho ao dizer que Marx tem uma teoria dual do valor. Ainda hoje, os walrasianos sustentam a lenda da separação entre o real e o monetário. O dinheiro em Walras é apenas um numerário, um véu que encobre a realidade dos preços reais, relativos. Em Marx, mercadorias e dinheiro são inseparáveis em seu movimento, ao mesmo tempo, unitário e antitético. Se há troca generalizada de mercadorias, o movimento dos preços relativos tem de ser descoberto por meio dos preços monetários. Os valores não são a "realidade essencial" dos preços monetários, mas – o que é radicalmente diferente da "separação walrasiana" – os preços monetários são *a expressão necessária* do valor das mercadorias no regime do capital, isto é, na sociedade em que os produtos do trabalho privado são destinados diretamente para o intercâmbio.

O desenvolvimento material da economia em que a produção é diretamente para a troca torna inescapável o batismo monetário das mercadorias particulares. Elas não podem sair das mãos dos possuidores sob a forma natural para enfrentar a aventura do mercado. Os preços correspondem a uma determinação formal das mercadorias no sentido de que elas não podem ingressar no processo de intercâmbio generalizado antes de serem apresentadas ao dinheiro como medida de valor, expressão da sociabilidade entre os produtores privados de mercadorias. As mercadorias já entram, portanto, na circulação com preços monetários, ou seja, não mais existem em sua determinação natural senão em sua determinação social, como valores de troca. O dinheiro assume, então, sua segunda função, de instrumento de realização do preço das mercadorias.

A função medida de valor ao exigir a numeração das mercadorias, antes da entrada no mercado, enseja a dissociação da troca em duas operações distintas, a venda e a compra. Os protagonistas do processo de intercâmbio generalizado "descobrem" a possibilidade de acumular o representante da riqueza geral, a mercadoria universal, sem precisar gastá-la imediatamente na aquisição de outra mercadoria particular.

Assim, a generalização das relações mercantis – predomínio absoluto do valor – suscita a possibilidade de interrupção do processo de circulação de mercadorias – vender sem comprar –, ou seja, a busca da acumulação de riqueza sob a forma abstrata. Marx invoca a autonomização do dinheiro: em sua condição de mercadoria geral, o dinheiro dispõe do poder de ser trocado por qualquer outra. Isso, de outra parte, abre espaço para compra sem a venda, operação que explicita a função de meio de pagamento, fundamento lógico do sistema de crédito cujo desenvolvimento ao longo dos três últimos séculos acelerou a acumulação de capital e o progresso tecnológico.

A função reserva de valor corresponde à busca de certeza nas decisões intertemporais que acompanham a preservação e a acumulação da riqueza, inexoravelmente avaliada sob a forma monetária e abstrata. O truque do monetarismo de Friedman consiste basicamente em "desmonetizar" a economia capitalista ao atribuir a outros bens ou ativos a função de reserva de valor. Friedman e seus discípulos insistem na afirmação "o dinheiro importa". Mas a presença do dinheiro só tem um sentido quantitativo. Friedman, ao proceder à desconstituição teórica do dinheiro como forma geral da riqueza e objetivo da produção capitalista, constrói uma economia de escambo com dinheiro falso. A transformação de outros bens ou ativos particulares em poder de compra geral envolve custo e tempo (sua venda pode levar meses, e as condições de liquidez do mercado podem impor a venda com perda de capital). É nesse sentido que a moeda é o ativo de maior liquidez da economia: a mercadoria "escolhida" como equivalente geral na reiteração da circulação mercantil e depois "empossada" na forma dinheiro assume diante das demais mercadorias particulares – "pretensões privadas à forma dinheiro" – *a qualidade de forma universal da riqueza*. Dotado da propriedade de estar fora da circulação como capital-dinheiro potencial, o dinheiro pode ser reintroduzido a qualquer momento no processo de intercâmbio para os trabalhos de valorização do valor. Na condição de dinheiro destinado a fazer mais dinheiro, a mercadoria universal – a forma universal da riqueza – é a "ponte entre o presente e o futuro".

Na função de meio de circulação, o dinheiro apenas realiza o preço, a denominação das mercadorias em dinheiro. As mercadorias não podem circular sem que recebam essa "capa" monetária, não podem ser trocadas diretamente. Uma vez que recebem essa capa monetária passam a ser "dinheiros particulares" que buscam sua "confirmação no mercado" no momento crucial da realização de seu preço. A mercadoria só confirma sua "natureza mercantil" quando o preço "declarado" pelo possuidor de riqueza é sancionado pela realização de seu valor de troca em dinheiro.

O dinheiro na função de meio de circulação não precisa aparecer em sua forma material originária, mas pode ser substituído por uma representação de si mesmo. A circulação mercantil à medida que se desenvolve faz que o dinheiro permaneça na circulação, enquanto as mercadorias entram e saem. O dinheiro se autonomiza em primeiro lugar porque é a mercadoria geral e sua presença permite que a circulação se inicie apenas de maneira ideal, sem que esteja efetivamente presente. Pode haver uma operação de compra e venda sem que haja a participação direta, imediata do dinheiro. O dinheiro assume, como mercadoria universal, a função de meio de pagamento, que pressupõe a realização de uma compra em troca de uma promessa de liquidação da operação em dinheiro. Faz-se uma transferência de propriedade da mercadoria com uma promessa de pagamento posterior, o que dá origem às relações de débito-crédito.

Na terceira determinação, o dinheiro, como meio de pagamento, vai liquidar os débitos e créditos assumidos reciprocamente pelos protagonistas da troca. Estamos aqui diante de uma "torção" fundamental: a autonomização do dinheiro permite a circulação de mercadorias sem ele estar presente, mas, ao mesmo tempo, permite que ele exerça sua função antes que as mercadorias estejam presentes.

Na passagem teórica crucial do processo de mercantilização, a força de trabalho se transforma em mercadoria e o dinheiro em capital. Nesse momento teórico, *o dinheiro passa de resultado a pressuposto da circulação*. Não se trata de uma evolução histórica, mas de uma demonstração lógica: a produção e circulação dos produtos do trabalho destinados diretamente para a troca são fenômenos do capitalismo constituído, ou seja, quando a finalidade da produção é a acumulação de riqueza abstrata pelos detentores dos meios de produção.

Ao produzirem diretamente para a troca, os produtores são obrigados a chegar ao ponto final do processo – chegar ao objetivo final, o dinheiro. Nesse sentido, o circuito M-D-M (Mercadoria-Dinheiro-Mercadoria) é autocontraditório na medida em que, nesse circuito, o objetivo da troca é a recomposição da cesta de valores de uso dos produtores. A contradição abrigada no circuito M-D-M revela que só na economia capitalista, cujo objetivo é a acumulação de riqueza abstrata e não a recomposição da cesta de valores de uso, a atividade dos produtores se destina diretamente para o mercado. No processo de intercâmbio generalizado, o caráter útil de cada trabalho submerge na indiferença imposta pela expansão do *valor*. Mas a *expansão do valor* só pode se realizar mediante o movimento do capital: *valor que se valoriza*, ele impõe seus ditames à força de trabalho.

A crítica da economia política se recusa a conceituar o capitalismo como um regime de produção cujo objetivo é, apenas, a produção de mercadorias mediante a exploração e a submissão da capacidade de trabalho dos produtores diretos. Em sua metamorfose, o capital está obrigado a passar necessariamente pelo calvário da produção material e da exploração da força de trabalho com uma única finalidade: a acumulação de riqueza abstrata, encarnada no dinheiro.

O dinheiro enquanto forma universal da riqueza capitalista deixa de ser um intermediário das trocas já existentes e passa a ser uma antecipação em relação à produção futura, ou seja, capital-dinheiro.

Mas se pretendemos que o dinheiro só troca riquezas materiais já existentes, então isto é falso, já que com o dinheiro se troca e se compra também trabalho, ou seja, a própria atividade produtiva, a *riqueza potencial*. (Marx, 1971b, p.194, v.I)

No primeiro volume Marx cuida de desencavar os segredos do fetiche da mercadoria e do dinheiro, trazendo à luz o caráter inexoravelmente monetário da economia capitalista. Por detrás da dança dos objetos que se movimentam no espaço da troca generalizada está o metabolismo social que *submete* a atividade dos produtores independentes aos *diktats* da realização do valor, às intempéries do processo de "totalização" das relações sociais operada cotidianamente no mercado, fora do controle dos indivíduos.[3]

A possibilidade de o dinheiro funcionar positivamente como meio de pagamento significa também que ele pode funcionar antecipadamente para comprar trabalho vivo, *riqueza a ser criada*. O dinheiro não aparece apenas no momento de realização do preço das mercadorias na circulação, mas torna-se o "motor" do processo de circulação. O dinheiro "nasce" da circulação e passa a ser seu pressuposto, sua condição de existência. Quando passa a ser uma aposta sobre a riqueza futura, o dinheiro é pressuposto da circulação.

A circulação passa a ser "posta" pelo dinheiro, e nesse ponto o dinheiro exerce não apenas outra função, mas muda também sua natureza. Ele passa a funcionar como capital-dinheiro, *valor que se valoriza*. Enquanto tal, a realização do valor na circulação do capital impõe o gasto na contratação de força de trabalho aos proprietários dos meios de produção, ao mesmo tempo que na reiteração do ciclo D-M-D' os capitalistas estão sujeitos, como veremos adiante, às incertezas da desvalorização do capital já existente. Aqui Marx dá o primeiro passo para discutir o fenômeno da realização do valor e da mais-valia em processo de produção e a tendência à queda da taxa de lucro.

O impulso de acumular riqueza sob a forma monetária na circulação mercantil simples, em que os produtores almejam diversificar sua cesta de valores de uso, só tem a função negativa. Quando o dinheiro passa a ser pressuposto da circulação e da produção, o fluxo só pode prosseguir na medida em que os

---

3 Daí o caráter autorreferencial da acumulação capitalista, sua incessante necessidade de moldar a atividade humana e todas as instâncias da vida social na matriz de seu movimento de expansão, subjugando as condições de vida dos indivíduos concretos.

detentores dos meios de produção continuem dispostos a renovar o circuito D-M-D', gastar dinheiro na aquisição de força de trabalho e meios de produção para obter mais dinheiro. O entesouramento na circulação simples tem uma função negativa na medida em que rompe o circuito M-D-M. Mas, quando a força de trabalho se transforma em mercadoria, o desejo de acumular riqueza monetária torna-se uma força positiva, fundamental para mover o processo de circulação.

Marx diz:

A terceira determinação do dinheiro – dinheiro como pressuposto da circulação e da produção – supõe as duas determinações anteriores e constitui a sua unidade. O dinheiro tem, pois, uma existência autônoma fora da circulação. Como mercadoria particular pode ser transformado de sua forma dinheiro em objetos de luxo, joias de ouro e prata. Pode também ser acumulado como dinheiro e constituir um tesouro. Enquanto o dinheiro em sua existência autônoma surge na circulação, se apresenta nessa existência mesma: como resultado da circulação, chega a coincidir consigo mesmo através da circulação. Nessa determinação, está contido já *de forma latente* seu caráter determinante de capital. O dinheiro é negado como simples meio de troca. Sem dúvida, historicamente pode ser posto como medida antes da troca generalizada, antes de ser colocado como medida universal.

No caso, existiria apenas como mercadoria privilegiada, podendo, assim também, apresentar-se historicamente em sua terceira determinação antes de ser posto nas precedentes. Mas, como dinheiro, ouro e prata podem ser acumulados somente se já existiam em uma das duas determinações, na terceira determinação só pode apresentar-se em nível desenvolvido se se desdobrou das duas outras precedentes, senão sua acumulação é só acumulação de ouro e prata, e não de dinheiro. Também nesta terceira determinação está o dinheiro em relação à circulação, já que, como representante material e universal da riqueza, surge da circulação, e como tal é igualmente produto da circulação, a qual é simultaneamente troca elevada à última potência e uma forma particular da troca. O dinheiro se contrapõe à circulação como algo autônomo, mas essa autonomia sua não é mais que o próprio processo de circulação. De igual modo, surge da circulação como volta a entra nela, fora de toda a relação com a circulação não seria dinheiro, mas um objeto natural, ouro ou prata. Nessa determinação o dinheiro é tanto suposto como resultado, sua própria autonomia não significa a caducidade de sua relação com a circulação, senão relação negativa com ela; isso está presente em tal autonomia como resultado do processo D-M-D'. No dinheiro como capital está implícito: 1º) que é tanto suposto como resultado da circulação; 2º) que sua autonomia é tão só relação negativa, mas sempre em relação com a circulação; 3º) que ele mesmo é posto como instrumento da produção, enquanto a circulação não se apresenta mais em sua primeira simplicidade, como troca real, material, e assim o dinheiro mesmo termina por ser determinado como um momento particular desse processo de produção. Na produção, não se trata só de uma simples determinação dos preços, vale dizer de uma tradução dos valores de troca das mercadorias em uma unidade coletiva. (Marx, 1971b, p.202, v.I)

Na economia monetária desenvolvida pelo regime do capital, a reprodução das três determinações é problemática, não raro, contraditória. A "estabilidade" da reprodução conjunta das três funções, como se verá adiante, não pode ser garantida *a priori* pela gestão estatal e muito menos pelas "expectativas" dos protagonistas do intercâmbio generalizado de mercadorias.

Marx discute o problema da reprodução conjunta das três funções do dinheiro – unidade de conta, meio de circulação e reserva de valor, forma geral da riqueza. Com esse procedimento ele busca demonstrar o caráter problemático dessa reprodução. Nas economias mercantis capitalistas, o dinheiro, como forma geral da riqueza é, simultaneamente, um bem público – uma instituição social, diriam os regulacionistas – e objeto da cobiça privada.

Na qualidade de "bem público", referência para os atos de produção e intercâmbio de mercadorias, bem como para a avaliação da riqueza, o dinheiro deve estar sujeito a normas de emissão, circulação e destruição que garantam a reafirmação de sua universalidade como padrão de preços, meio de circulação e forma geral da riqueza. Para reafirmar continuamente a sua universalidade e a unidade das três funções o dinheiro não pode ser produzido privadamente, nem qualquer decisão privada pode substituí-lo por outro ativo. Ou seja, em uma economia mercantil capitalista nenhum agente privado tem a faculdade de comprar mercadorias, pagar suas dívidas ou avaliar seu patrimônio com moeda de sua própria emissão. Isso significa que as expectativas de receita, os cálculos de custos e preços, os direitos aos rendimentos do trabalho e dos ativos instrumentais, o valor das dívidas e a avaliação do estoque de riqueza real e financeira são "declarações" ideais de quanto pretendem valer, em termos do "equivalente geral". Mas essas declarações só podem ser reconhecidas "socialmente" quando acontece o "salto mortal" das mercadorias e dos ativos privados, a sua metamorfose na forma geral da riqueza.

Em uma economia com essas características, tanto a produção de mercadorias como a posse de ativos é uma aposta, em condições de incerteza, na capacidade dessas formas particulares de riqueza de, no momento da conversão, preservarem seus valores em dinheiro. Essa aposta supõe, por outro lado, que serão respeitadas as regras que garantem a "credibilidade" do padrão monetário. Isso significa, fundamentalmente, o estabelecimento de limites ao refinanciamento das posições que sustentam a posse de mercadorias ou ativos de riqueza "desvalorizados".

Nas economias de hoje, a moeda está fundada exclusivamente na confiança. A confiança é um fenômeno coletivo, social. Tenho confiança na moeda porque sei que o outro está disposto a aceitá-la como forma geral de existência do valor das mercadorias particulares, dos contratos e da riqueza. O metabolismo da troca, da produção, dos pagamentos depende do grau de certeza na preservação da forma geral do valor, que deve comandar cada ato particular e contingente (Belluzzo 1997).

Em seu livro *La monnaie souveraine* [A moeda soberana], os economistas Michel Aglietta e André Orléan definem a existência de três lógicas articuladas que sustentam a reprodução da ordem monetária como dimensão essencial da ordem social: a confiança hierárquica, a confiança metódica e a confiança ética.

A confiança hierárquica se exprime sob a forma de uma instituição que anuncia as normas de utilização da moeda e que é responsável pela emissão do meio de pagamento final [...]. A confiança metódica opera no âmbito da segurança das relações interindividuais, garante a reprodução cotidiana e rotineira dos atos que constituem a ordem monetária, sobretudo os pagamentos das dívidas nascidas do seu funcionamento [...]. A confiança ética diz respeito ao caráter universal dos direitos da pessoa humana. (Aglietta; Orléan, 1998, p.25-6)

Em última instância, a reprodução da sociedade fundada no enriquecimento privado depende da capacidade do Estado de manter a integridade da convenção social que serve de norma aos atos dos produtores independentes. A ordem monetária é indissociável da soberania do Estado, e sua sobrevivência supõe que os proprietários privados acatem a moeda com uma convenção necessária para a reiteração do processo de circulação das mercadorias, de liquidação das dívidas e avaliação da riqueza.

Dinheiro e capital

Quando uma soma de dinheiro passa a funcionar como capital, o dinheiro está posto como instrumento de produção. Deixa de ser simplesmente um elemento para realizar os preços, para impor os valores de troca em uma "unidade coletiva", criando o caráter determinado dos preços. O pagamento dos salários monetários determina os custos básicos da produção em termos monetários. A relação do assalariamento para Marx, além da subordinação aos ditames do capital, impõe o caráter determinado dos preços. Não é apenas um problema da forma "preço", senão que o conteúdo da produção é um conteúdo diretamente monetário que deriva da relação salarial.

O pagamento dos salários impõe necessariamente o cálculo dos custos e do valor esperado da produção (incluído o cálculo do lucro, fruto da mais-valia, o trabalho não pago) sob uma forma monetária. Marx vai demonstrar que há uma inversão no processo de determinação de valor: a determinação do valor e dos preços passa agora necessariamente não só pelos custos incorridos no presente, mas pelo cálculo monetário dos valores que o capitalista espera obter do resultado de sua produção. Marx, mais uma vez, está pressupondo as formas desenvolvidas para analisar as elementares. As formas elementares interessam não em si mesmas, senão como passos para analisar as mais desenvolvidas, como elos da cadeia de construção lógica. A controvérsia entre marxistas e neoricardianos sobre a transformação de valores em preços ganhou importância depois da publicação da obra de Piero Sraffa, *A produção de mercadorias por meio de mercadorias*.[4] Mas uma leitura atenta revela que Marx, ao cuidar da concorrência no volume III – agora apresentada sob sua forma "desenvolvida" –, trata os preços como antecipações. Não são preços de equilíbrio e de reprodução simples ou de trajetórias de estática comparativa, mas preços de reprodução ampliada do sistema. Esses valores monetários são calculados a partir dos custos salariais e ganhos monetários a serem obtidos pela extração de mais-valia no processo produtivo, sob o acicate da concorrência.

Marx afirma que

> o dinheiro, para atuar produtivamente, deve ser em sua terceira determinação, não só um suposto, mas também um resultado da circulação [...]. Como seu suposto, é também um momento da mesma, algo que é posto por ela. Entre os romanos, por exemplo, que estavam roubando todo o mundo, não era esse o caso. Na determinação simples do dinheiro mesmo, está implícito que pode existir como momento desenvolvido da produção somente ali onde existe trabalho assalariado. Sendo assim, em lugar de dissolver as relações capitalistas, o dinheiro torna-se uma condição do desenvolvimento das forças produtivas. Só quando o dinheiro assume essa condição, o trabalho deve produzir imediatamente valor de troca. (Marx, 1971b, p.201, v.I)

Sem a generalização das relações *mercantis, monetárias e capitalistas e a constituição das forças produtivas* não há trabalho abstrato e, portanto, a reprodução da riqueza social não pode estar submetida à *forma valor*.[5]

---

4 Ver Belluzzo, 1980, caps. II e III.

5 Para decepção de muitos, o capitalismo não se conforma às trivialidades da *produção de mercadorias por meio de mercadorias*, e nem mesmo se reduz à extração de mais valor mediante a exploração da força de trabalho, apenas utiliza a capacidade de trabalho para acumular riqueza abstrata.

A sociedade mercantil simples é um momento teórico destinado a demonstrar que a "aparência" – ou *o modo de se apresentar* da circulação capitalista – precisa confirmar a ilusão de igualdade exigida pela justiça dos mercados. Mas o trabalho dos produtores-proprietários produz diretamente valor de troca em contradição com a finalidade da circulação M-D-M. No entanto, Marx analisa a circulação M-D-M apenas como um "momento" teórico da circulação mercantil generalizada, ou seja, capitalista. No regime do capital plenamente constituído, o circuito M-D-M se *reapresenta* como uma forma subordinada da circulação do capital. Nesse ponto os salários pagos (os rendimentos dos trabalhadores) retornam aos capitalistas. O dinheiro, antes encarnação do capital variável retorna à forma dinheiro da circulação simples, na qual os que vendem sua força de trabalho adquirem as mercadorias produzidas por eles mesmos, mas para usufruto dos que controlam os meios de produção.

Somente quando o capital-dinheiro coloca a circulação sob seu domínio, o trabalho está produzindo diretamente para a troca.

O trabalho deve produzir imediatamente o valor da troca, isto é dinheiro, por isso tem de ser trabalho assalariado. A sede de enriquecimento como impulso generalizado pelo qual todos querem produzir dinheiro só o cria, na verdade, a riqueza universal. (Marx, 1971b, p.200, v.I)

Marx concebeu a lei do valor, não apenas como uma teoria sobre as condições de reprodução do processo de intercâmbio generalizado de mercadorias em que as ilusões da igualdade operam como força material na imaginação dos produtores. Mas a reiterada igualação dos trabalhos é permanentemente perturbada pela *lei central de movimento* desse modo de produção, a lei do valor enquanto norma do *processo de valorização do capital.* Esse é o ponto crucial da crítica de Marx a Smith e, particularmente, a Ricardo. Os dois grandes economistas clássicos, ao formularem a teoria do valor trabalho não conseguiram escapar das ilusões necessárias que administram os olhares e as mentes dos produtores privados. Ao conceber o trabalho diretamente como medida do valor fracassam na tentativa de desvendar a natureza do dinheiro e, portanto, de descobrir as condições em que os trabalhos privados são submetidos, primeiro, à autonomização do dinheiro e, depois, à disciplina da transfiguração do dinheiro no *valor que se valoriza.* O *depois* é a forma desenvolvida do primeiro. O *pressuposto,* a igualação dos trabalhos privados, realiza seu conceito no *posto,* a produção de dinheiro pelo trabalho assalariado comandado pelo capital.

A estrutura do *capital em geral* se move mediante a concorrência entre os capitais individuais, sempre no propósito, mediante o progresso técnico, de violar a lei que os obriga a produzir de acordo com o tempo de trabalho socialmente necessário. A lei do valor é, portanto, como já foi dito, a lei da violação permanente das condições existentes da equivalência. Ao mesmo tempo, ela só pode funcionar se os protagonistas da troca (inclusive os possuidores da força de trabalho) se submetem à "ilusão necessária" que os convence das condições de "igualdade" no processo de intercâmbio generalizado.

No seu processo de valorização, o capital é obrigado a submeter simultaneamente massas crescentes de trabalho e, no processo de concorrência, superar seus sócios-competidores e desvalorizar continuadamente o valor da força de trabalho, tornar o trabalho redundante. A construção das formas se desdobra, como veremos, do universal abstrato – a mercadoria – para a vida concreta em que predominam as relações de débito e crédito, a moeda bancária, o capital fictício e a concorrência em suas determinações definitivas.

Marx não pretende formular uma teoria geral do dinheiro ou empreender uma narrativa histórica do dinheiro nas economias não capitalistas. Ainda que nessas sociedades o dinheiro cumprisse funções de unidade de conta e meio de pagamento, as relações de produção baseadas no trabalho compulsório, escravo ou servil, bloqueavam a mercantilização geral imposta pelo regime do capital. Isso significa que nessas sociedades o dinheiro não existia enquanto objetivo da produção – forma do valor e expressão geral da riqueza – mediante a subordinação do trabalho assalariado. Nas sociedades pré-capitalistas, os servos, escravos e artesãos das corporações eram simplesmente produtores de valores de uso em uma economia que usava moeda como um elemento externo à produção. Não há *valor* como expressão das relações de produção e, portanto, não há dinheiro como *objetivação* dessas relações. Tampouco para Marx há *valor sem valorização do capital*, o que supõe o surgimento das forças produtivas especificamente capitalistas, ou seja, o aparecimento da Grande Indústria.

Isso significa que só no regime do capital plenamente constituído, aí incluídas as forças produtivas especificamente capitalistas, se concretizam "o mundo abarrotado de mercadorias" e as condições sociais e materiais de acumulação de riqueza abstrata. Nos modos de produção anteriores, a sede de riqueza era apenas uma idiossincrasia de um produtor isolado, que subtraía da troca um volume qualquer de dinheiro como meio de circulação. Agora a sede de riqueza se impõe a todos os produtores de mercadorias, ou seja, de dinheiro particular que aspira ao salto mortal para a forma universal. "Só assim a sede de riqueza pode se converter na fonte de riqueza universal, sempre e renovadamente criada" (Marx, 1971b). Na circulação mercantil simples, o dinheiro e as mercadorias vinham de vários pontos, não havia uma determinação. Agora há uma determinação: as mercadorias só circulam com objetivo de fechar o circuito com mais dinheiro. Só quando as mercadorias se tornam o meio para valorizar o dinheiro é possível determinar claramente quais os valores monetários, qual o tempo de trabalho socialmente necessário para produzir. Só no regime do capital plenamente constituído a concorrência se executa mediante a revolução permanente das bases técnico-econômicas, ou seja, das forças produtivas especificamente capitalistas, no "propósito" incontornável de elevar a produtividade social do trabalho mediante a submissão real dos produtores diretos.

Na sociedade de produtores independentes de Marx, o metabolismo econômico do mercado capitalista é analisado na "ausência" do capital. No capitalismo constituído o dinheiro funciona como capital, e isso supõe a regulação efetiva do tempo de trabalho socialmente necessário que só pode ser imposto aos trabalhadores sob o domínio do sistema de máquinas.

Nesse momento, o trabalhador assalariado tem por finalidade imediatamente o dinheiro, a riqueza geral é posta como seu objetivo e sua finalidade. O dinheiro como finalidade se converte aqui em meio da laboriosidade universal, a riqueza universal é produzida para que alguém se aproprie de seu representante, de modo que se abram as fontes reais de riqueza. Por ser a finalidade do trabalho, não um produto particular que está em relação com as necessidades particulares de um indivíduo, que é o caso da sociedade mercantil – senão o dinheiro, ou seja, a riqueza em sua forma universal; a laboriosidade do indivíduo passa a não ter nenhum limite. *É agora indiferente a qualquer particularidade e assume qualquer forma que sirva para esse fim. É rica e inventiva na criação de novos objetos destinados à necessidade social. Resulta então claro que sobre a base do trabalho assalariado a ação do dinheiro não é dissolvente, senão que produtiva, enquanto a entidade comunitária antiga já em si mesma está em contradição com o trabalho assalariado como fundamentalmente geral. Uma industriosidade universal é possível somente ali onde cada trabalho produz a riqueza universal. Não uma forma determinada dela, por conseguinte, ali onde a retribuição do indivíduo é o dinheiro.* (Marx, 1971b)

A relação de assalariamento não significa apenas que o capital subordina e impõe ao trabalho certas normas de produção. Não se trata apenas da relação entre o custo unitário de produção calculado em termos monetários, mas da interdependência que se estabelece entre os trabalhadores que passam a trabalhar para ganhar dinheiro e, portanto, dependem do trabalho dos demais para manter a própria subsistência. O trabalhador coletivo passa a ter a mesma relação universal com a forma dinheiro. Daí o erro ricardiano e sraffiano que concebe o salário em termos físicos, como se os trabalhadores pudessem fixar o salário real. Marx trabalha com o salário nominal, cujo poder de compra só pode ser determinado *ex post*. O poder de compra de salários não está dado de antemão por determinado conjunto de mercadorias, como pretendem os ricardianos. No capitalismo, os salários têm de ser fixados em termos nominais e o seu poder de compra vai depender da operação do conjunto da economia, ou seja, da taxa de exploração, da produtividade social do trabalho e da estabilidade do padrão monetário. Nessas condições, os trabalhadores e os capitalistas não dispõem dos meios para regular o salário real.

Marx trata do custo de reprodução da força de trabalho com o propósito de definir as condições mínimas exigidas para o regime de o capital regenerar continuamente suas condições de existência. Essas condições de reprodução do sistema devem garantir a sobrevivência do trabalhador e de sua família. Mas Marx também diz enfaticamente que o salário fixado em termos monetários é uma grandeza variável, não obstante entre as condições essenciais de reprodução do regime do capital esteja a definição de *piso real* para os salários, o mínimo que garante a subsistência do trabalhador e de sua prole.[6]

---

6 Em Ricardo o salário está sempre no nível de subsistência, esmagado entre os lucros e os rendimentos decrescentes da agricultura.

Uma vez admitida a subsunção real da força de trabalho, o capital "regula" os preços e determina a formação da taxa de lucro média na mente dos gestores do capital. No capitalismo constituído, os capitalistas fixam os preços monetários, mas os preços reais, relativos, dependem do movimento de totalização operado impessoalmente pelo mercado. Os capitalistas, nas palavras de Marx (1966, p.799, v.III), "não sabem, mas fazem". No volume III, Marx faz a crítica dos que confundem o dinheiro ora circulando como renda ora como capital. O dinheiro funciona nesse sistema predominantemente como capital e secundariamente como renda. A circulação do dinheiro como renda depende da circulação do capital-dinheiro. A circulação M-D-M se subordina à circulação D-M-D. O circuito M-D-M não pode sobreviver sem que os que comandam os meios de produção e o crédito decidam oferecer emprego aos que só dispõem de sua força de trabalho. Os salários se destinam à aquisição de valores de uso e o dinheiro nesse caso funciona como instrumento de circulação da renda monetária, mas só pode circular como renda se antes circulou como capital, porque a recepção de renda por parte dos assalariados depende da circulação do capital – ou seja, da disposição dos capitalistas de colocar em operação a capacidade produtiva existente nos setores de meios de consumo e de bens de produção. Por isso Marx diz que, quando está analisando o circuito M-D-M, a crise é mera possibilidade que surge da separação dos atos de compra e venda, mas o dinheiro nesse ponto é intermediário, a interrupção do processo de troca é acidental. Ao passo que em D-M-D', a possibilidade é concreta, relacionada com a natureza do processo capitalista de produção e circulação, cujo objetivo intrínseco é o valor acrescentado. Nesse caso, o dinheiro assume sua natureza capitalista de *forma geral do valor e da riqueza*. Ao olharmos M-D-M em seu fluxo contínuo, este não difere formalmente do D-M-D', em ambos temos um fluxo contínuo de dinheiro e mercadorias. Entretanto, no primeiro circuito o objetivo é externo: a recomposição da cesta de valores de uso dos produtores. Em M-D-M, a continuidade da circulação depende da coincidência entre oferta e demanda. A presença do dinheiro, no entanto, impede, mesmo nas condições abstratas da circulação simples, reivindicar a vigência da Lei de Say. A interrupção do processo está inscrita na autonomização do dinheiro, já instituído como ente coletivo que comanda as relações entre os produtores. Nas *Teorias da mais-valia*, volume II, quando discute a crise em Ricardo, Marx diz claramente que no capitalismo a possibilidade de interrupção do processo de acumulação monetária se dá: 1º) pelo fato de que toda riqueza deve expressar seu valor na *mercadoria universal*, ou seja, em termos monetários; 2º) as mercadorias particulares são apenas meios para valorizar o capital; e 3º) A produção de mercadorias sob o capitalismo depende da avaliação que o capitalista faça do comportamento de sua riqueza. A interrupção do circuito só pode se dar se a classe capitalista, ao buscar a preservação da riqueza existente, recusar a aventura da valorização, ou seja, buscar refúgio na simples posse do dinheiro. Preservar a riqueza existente significa interromper o fluxo de criação da renda, da criação de valores e da geração de mais valia.

A continuidade do fluxo depende da disposição dos capitalistas de arriscar a forma geral da riqueza na aquisição de matérias-primas e de força de trabalho, o que só pode ser feito se houver "financiamento", próprio ou de terceiros, em cada "início" do processo de produção. A questão de desvalorização do capital diz respeito à própria natureza do circuito. Na medida em que a classe capitalista resolva produzir, ela está buscando a valorização de seu capital, mas esse ato é ao mesmo tempo ato de desvalorização da riqueza existente. Quando, por exemplo, Marx discute a tendência decrescente da taxa de lucro, ele analisa a natureza do processo de acumulação impulsionado pela concorrência intercapitalista que impõe aos detentores dos meios de produção a contradição entre a criação da riqueza nova e a desvalorização da riqueza já existente. O aumento da produtividade social do trabalho e da composição orgânica do capital desvaloriza as mercadorias produzidas sob os métodos de produção anteriores. Toda criação de riqueza nova desvaloriza a massa de valores produzida anteriormente. A interrupção do circuito D-M-D' tem uma razão interna que decorre do impulso irrefreável à acumulação: a produção de riqueza nova vai desvalorizar a riqueza já criada. A lei do valor, enquanto lei de valorização do capital, é ao mesmo tempo a lei que governa a desvalorização do capital e da força de trabalho.

Quando se observa o circuito D-M-D', pensa-se em um fluxo. Mas o processo de valorização capitalista não é apenas um fluxo. Envolve o estoque de riqueza já produzida ou de direitos à riqueza e à renda que, com o desenvolvimento do sistema de crédito, assumem as mais diferentes formas. O fluxo tem efeitos sobre o valor do estoque acumulado. Daí ser importante verificar o ganho líquido que o fluxo traz comparado com a desvalorização do estoque. Marx trata disso quando discute Ricardo: deixa claro que a crise é uma crise de desvalorização. O capítulo da tendência declinante da taxa de lucro só é compreensível na perspectiva da desvalorização, fenômeno que a acumulação "sem limites" impõe à avaliação e decisão dos capitalistas.

Vimos até aqui o problema da gênese do dinheiro, o percurso lógico-genético do capital desde a sociedade mercantil simples até o "aparecimento" do dinheiro como capital.

Relações de produção e forças produtivas

A análise marxista dos modos de produção tem como objetivo explicitar o conteúdo histórico e concreto das relações de propriedade e de dominação. Ao enumerar os diferentes modos de produção, o objetivo de Marx não era o de fazer uma simples tipologia, senão demonstrar a diferença específica entre o capitalismo e os modos de produção anteriores. A especificidade do modo de produção capitalista se manifesta por uma separação entre o político e o econômico de tal modo que a propriedade atinge uma "natureza" puramente econômica, diferente, portanto, do conteúdo que assume nos demais modos de produção. Dessa maneira não se revela como um traço universal, homogêneo, a partir da qual se possam explicar as relações de produção nos outros modos de produção. Marx observa:

> Em todas as formas em que o trabalhador imediato permanece possuidor dos meios de produção e dos meios de trabalho [...], a relação de propriedade vai fatalmente manifestar-se simultaneamente como uma relação (política) entre senhor e servo; o produtor imediato não é, portanto, livre: mas essa servidão pode atenuar-se, desde a servidão com obrigação de corveia até ao pagamento de um simples foro [...]. Nessas condições, são necessárias razões extraeconômicas, qualquer que seja a sua natureza, para os obrigar a efetuar o trabalho por conta do proprietário titular das terras [...]. São, portanto, absolutamente necessárias relações pessoais de dependência, uma privação de liberdade pessoal [...] em suma, é necessária a servidão na plena acepção da palavra [...] (Marx, 1971d, p.7, v.III)

O problema a ser analisado no regime do capital é o de desvendar a relação de propriedade, nesse caso entendida como o controle efetivo dos instrumentos de produção. Não se trata apenas da forma jurídica de que se reveste a propriedade de indivíduos livres e iguais, libertos dos nexos pessoais e políticos que o acorrentavam nos modos de produção anteriores. Esse processo, no entanto, não termina pela simples dissociação (expropriação) dos produtores diretos de seus instrumentos de produção.

A acumulação primitiva instaura a dominação econômica, apenas formal, de uma classe sobre outra. Mas é a subordinação real que revela a verdadeira essência do "econômico" e de seus poderes. Isso vai ocorrer com o surgimento da grande indústria, ou seja, pelas transformações do processo de trabalho que submetem os produtores diretos à condição de simples extensão do capital. À relação formal de apropriação passa a corresponder uma relação real, o trabalhador isolado dá lugar ao trabalhador coletivo, de tal maneira que o capitalista e o trabalhador passam a se constituir em simples suportes de uma relação mais ampla de dominação. Isso pressupõe a compreensão dos processos de controle e de subordinação de classe implícitos na constituição e desenvolvimento do regime do capital. O "sujeito" da análise, o capital, constitui-se conjuntamente com as transformações que levam ao modo especificamente capitalista de produção. Esse sujeito não é o capitalista individual senão o próprio capital e o trabalho coletivo como sua extensão. Marx analisa de duas maneiras esse processo: no capítulo inédito de *O capital*, mediante uma contraposição entre a forma não desenvolvida do capital (dominação formal) e a forma específica ou plenamente desenvolvida (dominação real); e em *O capital*, mediante uma análise da gênese desta última forma, a partir daquela.

Consideremos a primeira abordagem, seguindo o próprio Marx:

> Justamente por oposição ao modo capitalista plenamente desenvolvido, denominamos de subsunção formal do trabalho ao capital a subordinação ao capital de uma forma de trabalho desenvolvida antes que houvesse surgido a relação capitalista. (Marx, 1971a, p.194)

Nesse texto verificamos que a existência de uma relação de propriedade definida apenas formalmente não permite, para Marx, estabelecer o que é relação de produção especificamente capitalista.

Para Marx, o conceito de mais-valia é central na construção da estrutura lógica de *O capital* e na formação de suas leis de movimento. É por meio dele que Marx se liberta do conceito ricardiano de excedente, incompatível com o funcionamento de uma economia monetária.

O fato de que o trabalho se torne mais intenso ou que se prolongue a duração do processo de trabalho: que se torne mais contínuo sob o olhar atento do capitalista, mais ordenado etc., não altera em si e para si o caráter do processo real de trabalho. Surge nisso, pois, um grande contraste com o modo de produção especificamente capitalista. Como vimos, ele se desenvolve no curso da produção capitalista. Revoluciona não só as relações entre os diversos agentes de produção, senão simultaneamente a índole desse trabalho e a modalidade real desse processo de trabalho em seu conjunto. (Marx, 1971a, p.195)

Apenas com o desenvolvimento das forças produtivas, ou seja, com "criação" das formas do trabalho coletivo e na divisão do trabalho dentro da fábrica torna-se possível o emprego do maquinismo. A objetivação do processo de produção no sistema de máquinas torna possível o emprego consciente ou inconsciente das ciências naturais, assim,

o modo de produção capitalista agora se estrutura como um modo de produção *sui generis*, dá à produção uma forma diferente; de outro lado, essa modificação da forma material constitui a base para o desenvolvimento das relações capitalistas, que exigem, pois, um nível determinado de evolução das forças produtivas para encontrar sua forma adequada. (idem)

Na visão de Marx, a dominação real do capital implica a dominação absoluta do capital sobre o trabalho, a qual só pode se dar mediante a socialização não só do processo de trabalho imediato, como também da escala em que o capitalista é proprietário e detentor dos meios de produção. A análise do processo pelo qual se constitui a dominação absoluta ou real é feita de forma multo incisiva em *O capital*, em seus capítulos XI, XII e XIII.

Referindo-se à manufatura, Marx (1966a, p.293, v.I) observa que "enquanto a cooperação simples em geral não modifica o modo de trabalhar do indivíduo, a manufatura o revoluciona inteiramente e se apodera da força individual do trabalho em suas raízes". E mais adiante:

> A divisão manufatureira do trabalho opõe-lhes [aos trabalhadores] as forças intelectuais do processo de produção, como propriedade de outrem e como poder que os domina. Este processo de dissociação começa com a cooperação simples em que o capitalista representa, diante do trabalhador isolado, a unidade e a vontade do trabalhador coletivo. Esse processo desenvolve-se na manufatura, que mutila o trabalhador, reduzindo-o a uma fração de si mesmo, e completa-se na indústria moderna que faz da ciência uma força independente do trabalho, recrutando-a para servir ao capital. (Marx, 1966a, p.293-5, v.I)

Apesar das profundas alterações que a manufatura impõe ao processo de trabalho, não é ainda por meio dela que o capital consegue coroar sua obra de dominação, pois:

> Embora ajustasse as operações parciais aos diversos graus de maturidade, força e desenvolvimento de seus órgãos vivos de trabalho, o que levava à exploração de mulheres e crianças, chocava-se esta tendência, geralmente, com os hábitos e a resistência do trabalhador adulto masculino [...]. Uma vez que a habilidade manual [ainda] constituía o fundamento da manufatura e que o mecanismo coletivo que nela opera-

va não possuía nenhuma estrutura material independente dos trabalhadores, lutava o capital constantemente contra a insubordinação do trabalhador. [...] Faltava "ordem" na manufatura, baseada no "dogma escolástico da divisão do trabalho" e "Awkright criou a ordem". (Marx, 1966a, p.292, v.I)

Somente com o desenvolvimento e a generalização da maquinaria

tem a indústria moderna o organismo de produção inteiramente objetivo que o trabalhador encontra pronto e acabado como condição material da produção. Na cooperação simples e mesmo na cooperação fundada na divisão do trabalho (manufatura) a supressão do trabalhador individualizado pelo trabalhador coletivizado parece ainda ser algo mais ou menos contingente. A maquinaria, com exceções, só funciona por meio de trabalho diretamente coletivizado ou comum. O caráter cooperativo do processo de trabalho torna-se uma necessidade técnica imposta pela natureza do próprio instrumental de trabalho. (Marx, 1966a, p.305, v.I)

Na faina de impor sua dominação, o capital executa uma tarefa de "socialização" do processo de trabalho e de coletivização da propriedade. Assim:

Um mínimo determinado e sempre crescente de capital nas mãos de todo capitalista é a premissa, bem como o resultado constante do modo de produção especificamente capitalista. O capitalista deve ser proprietário ou detentor dos meios de produção a uma escala social: seu valor não tem, de ora em diante, nenhuma proporção com aquilo que pode produzir um indivíduo ou sua família. Esse mínimo de capital é tão mais elevado em um ramo de produção quanto este seja explorado de uma maneira mais capitalista e quanto mais desenvolvida a produtividade social do trabalho. Na medida em que o capital vê aumentar seu valor e assume dimensões sociais, ele perde todas as suas características individuais. (Marx, 1971a, p.219)

O nascimento das ciências sociais e da economia tem a ver basicamente com a questão das condições de reprodução de uma sociedade fundada na divisão social do trabalho, na "separação" entre os indivíduos e na busca do enriquecimento privado. Os economistas clássicos, Smith e Ricardo, para não falar de Marx, trataram dessa questão acima de todas as demais. O importante, porém, não foi a forma específica como cada um deles a tratou, mas o fato de que procuraram demonstrar o caráter problemático da reprodução desse sistema social e econômico.

Circulação e reprodução do capital

O volume II de *O capital* trata dos problemas da circulação do capital e da sua reprodução (em sua última sessão). A ideia de circulação do capital é logicamente prévia ao da reprodução. No processo de exposição, os dois conceitos ocupam lugares diferentes. A ideia de circulação diz respeito às formas necessárias que todo capital individual deve percorrer em seu movimento de valorização no conjunto do capital social. Marx vai então tratar do processo de circulação do capital como a forma capitalista de circulação de mercadorias. As mercadorias agora circulam como produtos do capital. Na circulação capitalista, a concorrência entre os capitais impõe a tendência à continuada redução dos tempos e custos de circulação, no período que vai da aquisição de força de trabalho e meios de produção até a realização do valor acrescentado pela extração da mais-valia.

Nicola Badaloni chama a atenção para a sutileza de Marx na investigação da circulação capitalista: Ricardo anula os tempos de circulação, o que para Marx configura a dissolução da realidade da produção capitalista em sua idealidade. A lógica interna da acumulação reclama, de fato, a "anulação" do tempo de circulação, mas a materialidade da produção impõe obstáculos a essa pretensão. Esse fenômeno é observável no capitalismo contemporâneo pela prática do *just in time*, pela formação de redes entre produtores e fornecedores e, agora, pelo comércio eletrônico.

Marx insiste no fato de que o início do processo se dá com o capital-dinheiro. D–M–P–M'–D', essas as etapas que têm de ser percorridas. O capital-dinheiro compra força de trabalho e matérias-primas, materiais auxiliares etc., que ingressam na esfera do capital produtivo, o âmago do processo de valorização. M' representa as mercadorias acabadas, carregadas de mais-valia, e D' supõe a transformação das mercadorias em dinheiro para que se possa recomeçar o ciclo D-M-D'. Marx ressalta a unidade entre a circulação e produção para explicar o movimento do capital em seu conjunto. As fases podem ser analisadas individualmente, mas sempre em relação com as demais, dentro do conjunto do processo de circulação. Cada capital individual tem de cumprir todas as etapas para poder se reproduzir. Isso significa a subordinação de todas essas etapas formais às leis de circulação capitalista. Mas Marx, ao mesmo tempo que ressalta a unidade, sublinha a necessária assincronia do processo de circulação do ponto de vista dos capitais individuais. A assincronia significa que enquanto um capital individual se encontra na fase de início do processo, o outro está na etapa final etc. Do ponto de vista dos capitais individuais existe necessariamente uma não coincidência entre os momentos em que cada capital individual está realizando o processo de circulação. Essa assincronia deriva do lapso temporal que decorre do próprio processo de circulação que exige a passagem pelo circuito capital-dinheiro, capital produtivo, capital mercadorias e, finalmente, de novo capital-dinheiro.

O movimento da circulação dos capitais individuais faz que se tenha, sempre a qualquer momento, o capital existindo sob essas distintas formas: sob a forma dinheiro, sob a forma de matérias-primas, de capital produtivo, de capital sob a forma de mercadorias acabadas etc.[7]

Rosa Luxemburgo (1984, p.13, vII) levanta a questão de como é que se realiza a mais-valia e de onde vem o dinheiro que permite a circulação das mercadorias carregadas de mais--valia. Existiria, segundo ela, um problema lógico: como é que se partindo de certa quantidade de dinheiro se chegaria a uma quantidade maior? Se observada do ponto de vista do capital individual, o problema é insolúvel. Mas olhando do ponto de vista da assincronia entre os momentos da circulação do capital – capital-dinheiro, capital produtivo, capital mercadorias e capital-dinheiro –, a questão pode ser resolvida. É a própria assincronia que permite que a mais-valia se realize. No momento em que um capitalista está realizando a mais-valia, outro está injetando dinheiro na circulação ao comprar meios de produção.

O que nos interessa é saber que o problema de Rosa Luxemburgo não existe, ela se debate com uma questão inexistente. Lenin (1957, v.IV) mostrou que o problema da realização da mais-valia estava resolvido pela própria maneira como Marx apresenta o processo de circulação do capital. Lenin mostra que o problema maior não é o da realização da mais-valia, mas do capital constante que vai ser resolvido quando Marx trata da reprodução, e não mais da circulação.

---

7 Keynes no *Treatise on Money* (1971) divide o capital da empresa em *money capital* (D), *working capital* (M, matérias-primas que estão sendo processadas), *liquid capital* (M', mercadorias prestes a se transformar em dinheiro) e introduz ainda o conceito de *loan capital,* que são os fundos que as empresas retêm sob a forma líquida, a massa de capital-dinheiro que a cada momento as empresas têm acumulados. São exatamente esses fundos líquidos que permitem a uns capitalistas financiarem os outros que estão comprando matérias-primas, por exemplo, o "M" em Keynes.

Marx está supondo que a circulação está sujeita a interrupções, a possibilidade de interrupção está colocada desde a circulação mercantil. Ele analisa como esse sistema, que se funda na busca da acumulação de riqueza monetária, pode ter uma circulação "normal", a despeito de sua natureza contraditória. A circulação capitalista tem uma "circulação normal" por conta das relações entre o movimento do capital em geral e as condições em que circulam e se reproduzem os capitais individuais. A assincronia enseja que cada uma das formas do capital esteja permanentemente presente no processo de circulação. Da mesma forma que Marx dizia que a circulação simples produz constantemente dinheiro, a circulação capitalista produz permanentemente capital-dinheiro. A questão da fluidez da circulação se resolve pelo crédito que se concedem mutuamente os capitalistas. Marx prescinde aqui do sistema de crédito comandado pelos bancos. O crédito, nesse momento da análise, decorre do financiamento mercantil, que os capitalistas concedem uns aos outros. Marx recupera novamente a análise da circulação simples de mercadorias: o dinheiro propriamente dito só precisa funcionar como meio de pagamento geral, só precisa funcionar efetivamente, na contratação de força de trabalho, porque os trabalhadores precisam comprar em *cash* as mercadorias que necessitam. Os capitalistas podem comprar uns dos outros, via crédito que se concedem reciprocamente. Hilferding (1963) vai retomar essa questão, mostrando que, se o sistema de crédito comandado pelos bancos ainda não está constituído, ele já existe em potência no crédito intercapitalista. Hilferding mostra que, na circulação de capital, a letra de câmbio começa a substituir efetivamente o dinheiro metálico. Na medida em que um capitalista concede crédito, está criando um instrumento de circulação, a letra de câmbio. Esse instrumento circula a partir da garantia que cada capitalista dá na letra, por meio do endosso. Isso significa que a qualquer momento, apresentando a letra, se obtém o dinheiro metálico, a liquidação da letra. A letra de câmbio está apoiada na existência de operações mercantis entre os capitalistas, sendo que para estas serem liquidadas dependem do sucesso ou não da produção. Essa letra de câmbio passa a circular entre os capitalistas como meio de pagamento, substituindo o dinheiro metálico. Marx diz que o funcionamento dessas letras como meio de pagamento pode se dar indefinidamente se o processo de circulação ocorrer sem interrupções. Qualquer interrupção faz que ocorra simultaneamente uma crise de crédito, no sentido de que um capitalista não honrando o endosso que fez na letra, a crise de crédito pode se generalizar para todo o sistema. Essa crise de crédito resulta da interrupção do processo de circulação, ou entre D–M ou entre M'–D'; a possibilidade da crise ainda é apenas formal.

Somente nos capítulos que tratam do capital a juros, Marx vai desenvolver a hipótese de uma crise de crédito típica do capitalismo "desenvolvido". Do ponto de vista monetário, a letra de câmbio significa a substituição da moeda metálica progressivamente pela moeda de crédito. Mas essa substituição está restrita às relações entre os capitalistas. Estes, na ausência da concentração do crédito e da gestão da riqueza líquida nos bancos (títulos de crédito e direitos de propriedade), têm de manter uma reserva permanente em recursos em dinheiro para pagar a força de trabalho. Sem o dinheiro de crédito, decorrente da concentração da riqueza líquida no estrato mercantil encarregado de administrá-la, o sistema perderia a sua "natureza", expressa no movimento do sujeito absoluto do processo capitalista que busca de todas as formas expurgar as barreiras que limitam sua autoexpansão.

Os capítulos sobre a reprodução simples e ampliada investigam a acumulação, ainda sob a perspectiva do movimento do capital em seu conjunto, isto é, prescindindo da concorrência entre os capitais individuais. A investigação de Marx examina a reprodução do capital em suas determinações materiais e sociais: trata-se da reprodução conjunta das relações de produção e das formas materiais impostas às mercadorias pelo regime do capital. Marx analisa o capital produtivo em suas formas materiais adequadas para levar adiante o processo de acumulação. Isso é feito pela distinção entre capital constante (sobretudo o capital fixo) e variável. O propósito é analisar simultaneamente a reprodução, em conjunto, das formas materiais do capital e das relações sociais da produção. Nos esquemas de reprodução de *O capital*, e também nas *Teorias da mais-valia*, Marx diz que vai analisar conjuntamente como se reproduzem capital constante e capital variável enquanto expressões materiais das relações de produção. Por isso vai dividir a economia em dois departamentos, o de meios de produção (Departamento 1) e o de meios de consumo (Departamento 2). Do ponto de vista da teoria da circulação monetária, importa sublinhar que as duas formas de capital, constante e variável, são reproduzidas em uma temporalidade diversa. Além disso, é importante a distinção dentro do capital constante entre capital fixo e circulante. O que Marx diz é que uma parte do capital circulante transfere seu valor para a mercadoria na medida em que a matéria-prima é absorvida no processo de produção. Supondo condições de realizações normais, o dinheiro volta para o capitalista para repor no momento seguinte a massa de capital circulante que ele necessita. No caso do capital variável, o trabalhador reproduz o valor de seu salário. Mas, no caso do capital fixo, é transferida uma parte de valor para a mercadoria, esta repõe apenas uma parte do valor do capital fixo desgastado. O capitalista, entretanto, não substituiu o capital fixo por partes, mas apenas quando as máquinas deixam de ter valor de uso. Sendo assim, na medida em que se dá a reprodução do conjunto do capital, vão-se acumulando fundos de depreciação subtraídos à circulação, entesourados como reserva para a substituição do capital fixo depreciado. O fundo social destinado à reprodução do capital fixo nasce da operação do sistema capitalista. Implicitamente, Marx está fazendo uma crítica à noção de abstinência de

Nassau Senior. O conceito de abstinência ou de poupança como consumo diferido celebra a acumulação capitalista como fruto das virtudes do indivíduo frugal. Para Marx, como para Keynes, a acumulação de capital, o investimento, gera poupança e não ao revés, como pretendem as teorias convencionais.

O fundo acumulado necessariamente sob a forma monetária está na origem do crédito de capital destinado à ampliação da capacidade produtiva O sistema capitalista cria, em seu movimento de expansão, dois fundos: o mercantil e o disponível para a acumulação. Na crítica a Nassau Senior, quando Marx fala "acumulai, acumulai, eis Moisés e os profetas" está desdenhando a hipótese da abstinência e o sacrifício da poupança. Assim, acumulam-se os fundos financeiros administrados pelos bancos como delegados dos proprietários dos meios de produção, incumbidos da gestão da riqueza "líquida" coletiva e, portanto, da administração e direcionamento do crédito.

3

Concorrência, crédito e crise: considerações a partir de Marx[1]

No dia 11 de julho de 1856, o *New York Tribune* publicou o terceiro artigo de Marx sobre o Crédit Mobilier. Sob os auspícios de Napoleão III, o banco de investimento empreendido pelos irmãos Pereire, Emile e Isaac tinha o propósito de "concentrar grandes somas de capital de empréstimo para investimento em empresas industriais".

Depois de ironias e sarcasmos lançados sobre "socialismo imperial" de Luís Napoleão e das habituais estocadas nas con-

---

1 No início da década de 1980, a professora Maria da Conceição Tavares e eu arriscamos algumas notas sobre o conceito de capital financeiro em Marx. Nosso objetivo era avaliar a contribuição do autor para a análise das transformações recentes do capitalismo à luz do ciclo de internacionalização financeira iniciado na segunda metade da década de 1960 e prestes a se esgotar.

cepções reformistas de Saint-Simon e discípulos, Marx reconhece que as transformações da finança capitalista e o surgimento da sociedade por ações, sobretudo da sociedade anônima, "marcam uma nova época na vida econômica das nações modernas".

Os bancos comerciais, diz ele, "fluidificam temporariamente o capital fixo", enquanto os bancos de investimento cuidam de "fixar o capital líquido" em estruturas empresariais cada vez maiores e de administração mais complexas. Marx conclui: "Quase todas as crises comerciais dos tempos modernos estão relacionadas com o desarranjo nas proporções entre o capital fixo e o *floating capital* [títulos de dívida e de propriedade negociados diariamente nas Bolsas de Valores e nos demais mercados secundários]".

A série de artigos sobre o Crédit Mobilier foi estampada nas páginas do *New York Tribune* no período em que Marx trabalhava nos chamados *Borradores* (*Grundrisse*) e dez anos antes da publicação do primeiro volume de *O capital*. Quatro décadas iriam transcorrer entre as primeiras e pontuais investigações de Marx sobre as peripécias do capital financeiro e o esforço de Engels para completar os alfarrábios do terceiro volume, publicado em 1894.

Na abertura do volume III de *O capital*, Marx adverte que, até então, nos volumes I e II, o processo capitalista de produção foi considerado em seu conjunto, representando a unidade do processo de produção e de circulação.

Aqui no livro III, não se trata de formular reflexões gerais sobre essa unidade, senão, ao contrário, de descobrir e expor as *formas concretas* que brotam do movimento do capital considerado como um todo. Em seu movimento real, os capitais se enfrentam sob essas formas concretas [...]. As manifestações do capital se aproximam, pois, gradualmente da forma sob a qual se apresentam na superfície da sociedade, mediante a ação recíproca dos diversos capitais que se enfrentam na concorrência e tal como (essas manifestações) se refletem na consciência habitual dos agentes de produção. (Marx, 1966c)

No terceiro volume de *O capital*, Marx avançou sua investigação para concluir a "recomposição" dos elementos que constituem o modo de produção capitalista: assim, desdobrou as formas fundamentais do *capital em geral* (o processo de criação de valor como processo de valorização, as relações entre acumulação e reprodução) nas *formas mais desenvolvidas, aparenciais e necessárias*. É preciso entender que *formas mais desenvolvidas* têm um significado teórico preciso: são ao mesmo tempo as categorias mais concretas do ponto de vista da estruturação do modo de produção capitalista e aquelas que levam ao paroxismo o processo de *abstração real* que acompanha o desdobramento dessas formas.

Já no Capítulo XXIII do volume I que trata da lei geral da acumulação capitalista, estão presentes, ainda que não desenvolvidos teoricamente, o *processo* de concorrência generalizada e a *forma* capital a juros que no volume III "executam" as leis de movimento desse modo de produção e, portanto, tornam efetivo seu impulso natural à expansão ilimitada.

A luta da concorrência se dá pelo barateamento das mercadorias. O barateamento das mercadorias depende, *coeteris paribus*, do rendimento do trabalho e este da escala de produção. Dessa forma, os capitais maiores desalojam necessariamente os menores. Recorde-se, ademais, que ao se desenvolver o regime capitalista de produção aumenta o volume mínimo de capital individual necessário para explorar o negócio em condições normais [...]. Além disso, a produção capitalista cria uma nova potência: o crédito que em seus primórdios desliza e se insinua recatadamente, como tímido auxiliar da acumulação, atraindo e aglutinando nas mãos dos capitalistas individuais ou

associados [...] o dinheiro disseminado em grandes ou pequenas massas pela superfície da sociedade, até que logo se revela
uma nova e temível arma no campo de batalha da concorrência
e acaba por converter-se em um gigantesco mecanismo social
de centralização do capital. (Marx, 1966a, p.530, v.I)

O capital a juros, como forma de existência do capital, realiza a necessidade de perpétua expansão e valorização do capital
para além dos limites de seu processo mais geral e "elementar"
de circulação e reprodução. Para revolucionar periodicamente a
base técnica, submeter massas crescentes de força de trabalho
a seu domínio, criar novos mercados, o capital precisa existir
permanentemente de forma "livre" e líquida e, ao mesmo tempo, crescentemente centralizada. Apenas dessa maneira pode
fluir, sem obstáculos, para colher novas oportunidades de lucro
e, concomitantemente, reforçar o poder do capital industrial e
mercantil imobilizado nos circuitos prévios de acumulação. Daí
as análises da concorrência, do crédito e, portanto, do processo
de concentração e centralização do capital se constituírem na
parte mais rica e substantiva da investigação marxista sobre a
dinâmica do sistema capitalista e suas metamorfoses.

A formação do sistema de crédito supõe a concentração das
massas de capital líquido sob a guarda dos bancos. Já foi dito
no capítulo anterior que os bancos passaram, inicialmente, a
emitir notas, certificados, que funcionavam como dinheiro. No
processo de consolidação da economia monetária, os proprietários de riqueza passaram a depositar as moedas sob a guarda
de frações do estrato mercantil, em geral grandes comerciantes,
que administravam formas embrionárias dos bancos modernos.
Esses depósitos, motivados, em geral, por questões de segurança e comodidade, eram certificados por papéis, que atestavam
a quantia depositada e o depositário onde a moeda metálica
se encontrava. À medida que esses papéis foram convencio-

nalmente aceitos, passaram a circular com maior intensidade e substituir o uso da moeda metálica. Os metais passam então a desempenhar a função de "lastro", garantindo, mediante uma regra de conversibilidade, a natureza monetária dos bilhetes emitidos pelos depositários do metal. A circulação também se acelera quando o dinheiro de crédito é incorporado às "formas transformadas" do regime do capital.

No movimento de (re)constituição teórica do modo capitalista de produção, o dinheiro, como substantivação do valor e objetivo do processo de valorização, assume a forma de dinheiro de crédito. As determinações mercantis e capitalistas do modo de produção não são distorcidas, mas, ao contrário, alcançam o ápice de seu desenvolvimento quando são introduzidos o crédito e o capital a juros. O dinheiro de crédito aparece como a forma mais adequada para cumprir as determinações mercantis do dinheiro na medida em que "aperfeiçoa" a execução das funções monetárias no capitalismo ao constituir uma esfera de valorização em que o capital monetário estabelece uma relação consigo mesmo, D-D'. Aqui a função de reserva de valor, isto é, a *realização dos conceitos de substantivação do valor e de forma universal da riqueza, chega ao seu estágio supremo*. Os bancos são gestores dos fundos coletivos de capital-dinheiro e, por isso, emissores do dinheiro de crédito. Marx reforça a ideia de que, ao concentrar capital monetário, os bancos ganharam a prerrogativa de emitir notas que abastecem a circulação monetária. Com a evolução do sistema de crédito, os passivos bancários mudam de forma: a emissão de notas é substituída por depósitos à vista que podem ser mobilizados por seus titulares como meios de pagamento.

Se B deposita no banco o dinheiro recebido de A e o banqueiro entrega esse dinheiro a C como desconto de uma letra, C faz uma compra a D e este deposita no banco que por sua vez empresta E que compra de F, teremos que o ritmo (da criação monetária) como meio de circulação se opera mediante várias operações de crédito. (Marx, 1966c, p.489, v.III)[2]

No que diz respeito à acumulação e à reprodução do capital, essa concentração permite ao banco fazer antecipação de capital monetário para as unidades de produção de valor. Essa possibilidade de antecipar capital dá força redobrada ao processo de reprodução ampliada, à acumulação e seus efeitos decorrentes, como a concentração e a centralização dos capitais. As duas formas de crédito, o mercantil e o de capital, vão ser concentradas no sistema bancário que se transforma no gestor dos fundos financeiros na economia capitalista constituída.

É possível imaginar a alegria que causa ver como, graças ao sistema de crédito, os capitais potenciais se concentram nas mãos dos bancos e se convertem em capitais disponíveis, em *loanable capital*, em capital-dinheiro [...] não de forma passiva, como uma cantilena de promessas, mas de modo ativo e em processo de crescimento. (Marx, 1966b, p.438, v.II)

A função do crédito de capital é a de financiar, sobretudo, o investimento em capital fixo e está ligada à acumulação. No caso do crédito mercantil, o capital funciona como dinheiro. O capital se metamorfoseia em dinheiro, cumpre apenas suas

---

2 A crescente concentração da riqueza líquida nas instituições bancárias e demais intermediários financeiros aproxima o sistema de crédito do exemplo hipotético apresentado acima por Marx e por Keynes em *Treatise on Money*. Keynes imagina um sistema monetário em que todos os pagamentos são realizados por cheques (ou, digo eu, por cartões de crédito) e no qual os bancos liquidam os débitos e créditos recíprocos no mercado interbancário. Em tais condições "é evidente que não há limites para o volume de moeda bancária que as instituições de crédito podem criar, *desde que o sistema se mova conjuntamente para frente* [...]. Aboletado em sua sala, cada presidente de banco vê a si mesmo como um instrumento passivo de forças externas que ele não pode controlar, mas tais 'forças externas' nada mais são do que ele mesmo e seus colegas presidentes, certamente nada a ver com os depositantes".

funções mercantis, faz as mercadorias circularem. No crédito de capital, o fundo é financeiro (*finance*, como dizia Keynes) e funciona como capital ao cumprir o papel de levar a acumulação além do permitido pelo volume de dinheiro gerado no processo geral de circulação do capital. O primeiro é a base do desconto de letras e o segundo atende às necessidade de acumulação dos capitais individuais que pretendem superar suas limitações financeiras para a ampliação da capacidade ou para a captura de novos setores de produção.

No caso do crédito mercantil, emite-se uma letra em cima da produção corrente. No período de produção, por exemplo, o produtor de matérias-primas está vendendo para outro capitalista. Quem emite a letra de câmbio é o que está comprando as matérias-primas e precisa do financiamento. No caso do crédito de capital, adianta-se dinheiro para acumulação, aumenta-se o volume de capital do outro capitalista.

Nos esquemas de reprodução, como já foi dito, Marx divide a produção material e o processo de valorização em dois departamentos, entre o departamento 1 (meios de produção) e departamento 2 (meios de consumo). A lógica dos esquemas de reprodução ampliada leva à conclusão de que nas relações entre o departamento 1 e o departamento 2, o aumento da massa de mercadorias e de mais-valia implícitas nelas aponta para a expansão mais rápida da capacidade produtiva do departamento 1, de meios de produção.

Na reprodução simples partia-se do suposto de que toda a mais-valia do departamento 1 era gasta como *renda* nos bens produzidos no departamento 2; só consistia, portanto, na reposição o capital constante do departamento 2 em sua forma natural. Assim, para que a reprodução simples se converta em reprodução em escala ampliada é necessário que a produção do departamento 1 tenha condições de produzir menos elementos do capital constante para 2 e mais para o departamento 1.

Ao cuidar da circulação do capital no volume II de *O capital*, Marx fala da geração permanente de capital-dinheiro, o que alimenta os fundos destinados a financiar a reprodução ampliada. Nesse momento da investigação os processos de circulação e reprodução são tratados na "ausência" da concentração do capital-dinheiro no sistema de crédito. Marx supõe, já nessa etapa da investigação, que não há "conflito" entre acumulação e consumo, ou na abordagem da teoria econômica convencional, entre consumo e investimento. Mais adiante, ainda no volume II, ele sentencia:

> O sistema de crédito torna absurda a frase segundo a qual o capital nasce da poupança, pois o que o especulador espera é que outros poupem para ele [...] a outra frase, a da abstinência recebe um bofetão na cara, pois o luxo é convertido também em instrumento de crédito [...] ideias que tinham alguma justificativa em fases menos desenvolvidas da produção capitalista perdem toda a razão de ser. (Marx, 1966b, p.418, v.II)

Os esquemas de reprodução indicam, ademais, que não é necessário acumular o fundo de salários ricardiano para prover a subsistência dos trabalhadores. Estes, ao colocarem em movimento a capacidade produtiva do departamento de bens de consumo e de bens de produção, produzem, em simultâneo, o seu próprio salário e a mais-valia que será acumulada pelos capitalistas dos dois setores. A dimensão da criação de valor é concomitante à produção dos *valores de uso* que compõem o salário e os *valores de uso* especializados (máquinas e equipamentos) que sustentam o processo de acumulação. Há simultaneidade entre a produção de bens de consumo e a produção dos elementos do capital constante, equipamentos e matérias-primas e auxiliares. As conexões internas e os objetivos de acumulação de riqueza do regime do capital determinam, em princípio, a dependência da renda e do consumo da classe assalariada em relação ao ritmo da acumulação. As transformações do processo de reprodução capitalista – em suas indissociáveis dimensões material e monetária – impuseram, portanto, a constituição do "sistema de crédito" e sua dominância na hierarquia de poderes que comandam a concorrência entre as empresas. O economista polonês Michael Kalecki (1971) utilizou os esquemas de reprodução de Marx para formular o princípio da demanda efetiva. As equações de Kalecki exprimem as condições de reprodução do sistema capitalista com dois ou três departamentos (o terceiro produz os bens de consumo dos capitalistas). Ao utilizar os esquemas de reprodução, Kalecki procura mostrar que o princípio da demanda efetiva já está posto no volume III de *O capital*. Assim, Marx distingue *as condições de produção* da mais-valia que dependem da capacidade produtiva da sociedade, *das condições de sua realização* que decorrem das decisões dos capitalistas de renovar o circuito D-M-D' e da capacidade de consumo da sociedade.

A partir da constituição das forças produtivas especificamente capitalistas, ou seja, da subsunção real da força de trabalho ao domínio do capital e da concentração do capital-dinheiro no sistema de crédito, *são as variações nos gastos que determinam as variações na massa de lucros e na massa de salários, dado o grau de monopólio, uma proxy da taxa de exploração.* As categorias de gasto, aqui, estão definindo relações de classe. Essas relações afirmam a possibilidade da classe capitalista – que tem o monopólio dos meios de produção e o controle do sistema de crédito – de gastar acima de seus rendimentos correntes, em contraposição a outra classe, os trabalhadores, adstrita a gastar apenas aquilo que ganha.

Assim, comentando a equação: "Lucros Brutos = Investimento Bruto + Consumo dos Capitalistas", Kalecki se pergunta sobre o seu significado:

> Significa, por acaso, que os lucros, em um dado período, determinam o consumo e o investimento dos capitalistas, ou o inverso disso? A resposta a essa questão depende de se deter-

minar qual desses itens está sujeito diretamente às decisões dos capitalistas. Fica claro, pois, que os capitalistas podem decidir consumir e investir mais em um dado período, do que no precedente. Mas eles não podem decidir ganhar mais. São, portanto, suas decisões de investimento e consumo que determinam os lucros e não vice-versa. (Kalecki, 1971, p.78-9)

Essa visão do capitalismo, aliás, não é prerrogativa de Marx ou Kalecki, mas é compartilhada por outros dois grandes analistas desse regime de produção: Keynes e Schumpeter. Na versão keynesiana do princípio da demanda efetiva, o investimento e o crédito são as variáveis independentes que determinam a criação da renda monetária e, portanto, a distribuição do *valor criado pelo gasto na produção de bens de consumo e bens de produção* entre lucros e salários; Schumpeter define o capitalismo a partir da instituição do crédito.

Nessa economia com grande concentração de capital fixo e dominância dos bancos na intermediação financeira, a dinâmica de longo prazo está fundada na busca do aumento da produtividade social do trabalho, o que, por sua vez, impulsiona a competição pela inovação tecnológica incorporada nas novas gerações de insumos e equipamentos. Essa maior elasticidade da acumulação decorre da capacidade dos bancos de emprestar e participar dos empreendimentos, diversificando o risco, apostando na estabilidade dos seus passivos, os depósitos à vista escriturados em seus registros.

O regime do capital, em sua forma plenamente constituída, ou seja, já ancorada nas forças produtivas propriamente capitalistas incorporou à sua dinâmica os elementos históricos que precederam e prepararam sua constituição – o comércio e o crédito. O império da acumulação capitalista impôs suas regras e desregramentos aos elementos da era mercantil, aqueles que se incumbiram da dissolução da economia feudal, cujos capítulos mais dramáticos foram escritos pela chamada acumulação primitiva, pela expansão colonial e pela reinvenção da escravidão.

Na esteira do doloroso e violento processo de mercantilização da força de trabalho – leia-se da expropriação dos produtores diretos dos meios de produção –, o regime do capital acelerou a uma velocidade impressionante a produção e reprodução dos elementos materiais da riqueza.

Ao cuidar da incorporação do crédito ao regime do capital "reconstituído", Marx rearranja as relações entre o capital a juros e o capital industrial de acordo com o percurso lógico que leva à mudança de posição e de significado teórico das categorias. A redefinição afirma a subordinação das formas "antediluvianas" do capital comercial e do capital a juros às normas de valorização e de reprodução do "capital em geral". Assim no volume 2 das *Teorias da mais-valia*, Marx escreve:

> O capital comercial e o capital a juros são formas mais antigas do que o capital industrial. Mas, no curso de sua evolução, o capital industrial deve subjugar essas formas e transformá-las em funções especiais ou formas derivadas de si mesmo. Ele encontra essas formas como antecedentes e não como formas de seu próprio processo de reprodução. Onde a produção capitalista desenvolveu todas suas múltiplas formas e tornou-se o modo de produção dominante, o capital a juros e o capital comercial transformaram-se em meras formas do capital industrial, derivadas do processo de circulação. (Marx, 1954, p.147, v.II)

A despeito de solidárias no mister de comandar a força de trabalho "livre", as formas particulares do capital – capital produtivo, capital mercadorias e capital monetário – se "autonomizam", umas em relação às outras, no metabolismo da acumulação e da reprodução capitalistas.

Desde que o dinheiro não seja gasto em consumo e as mercadorias não sejam usadas como meios de consumo, os seus possuidores são transformados em capitalistas – separados do processo de produção e antes da conversão em capital "produtivo", ou seja, [mercadorias e dinheiro] são capital em seu movimento de autovalorização e autoexpansão. É seu atributo imanente criar valor, render juros, assim como é atributo da pereira produzir peras. (Marx, 1966c, p.431, v.III)

A mobilização dos capitais impulsionada pelo sistema de crédito se transforma em uma força do capital industrial na medida em que promove a supressão das barreiras tecnológicas e de mercado, nascidas do próprio processo de concentração – em particular daquelas que decorrem do aumento das escalas de produção, com imobilização crescente de grandes massas de capital fixo. As instituições financeiras que participam da constituição e gestão das grandes empresas ao estimular a "concorrência" promovem centralização do capital e, portanto, reforçam o caráter monopolista dos empreendimentos capitalistas. Na verdade, ao estimular a conquista de novos mercados, provocam o acirramento da concorrência entre blocos de capital e impulsionam a internacionalização crescente da concorrência capitalista (Belluzzo; Tavares, 1980). O sistema de crédito acelera as leis de movimento do regime do capital e governa o processo permanentemente inacabado de nivelamento da taxa de lucro sobre o qual repousa toda a produção capitalista. Marx discute as condições concretas da concorrência generalizada, em que o crédito torna possível o movimento em direção à igualação da taxa de lucro, na medida em que rompe as barreiras impostas pela imobilização crescente das massas de capital fixo.

A natureza do capital como relação social de produção exige, ao longo do processo de ampliação quantitativa desse valor, a superação da barreira que lhe é imposta pela propriedade particular. Marx, ao desdobrar essa natureza em suas formas superiores e mais adequadas (do ponto de vista do regime do capital) e expressas no surgimento das sociedades por ações, afirma:

O capital, em si mesmo, apoia-se num modo social de produção e pressupõe uma concentração social dos meios de produção e da força de trabalho é aqui agraciado como a forma de capital social (capital de indivíduos diretamente associados) distinta do capital individual; seus empreendimentos assumem a forma de empreendimentos sociais, distintos de empreendimentos individuais. (Marx, 1966c, p.415, v.III)

O processo de constituição das relações especificamente capitalistas de produção se traduz simultaneamente por uma crescente *objetivação* dessas relações. Isso se dá, do ponto de vista do processo de trabalho, mediante uma transferência das potencialidades do trabalhador individual para o trabalhador coletivo e deste para o sistema de máquinas, do qual o trabalhador coletivo é um mero apêndice. Do ponto de vista do capital, mediante a elevação da escala mínima de produção e do valor mínimo do capital necessário, que obrigam o capitalista a renunciar à sua propriedade individual, para participar coletivamente, por meio de uma cota-parte abstrata, dos resultados da produção.

O sistema de crédito, ao realizar as tendências à concentração das escalas de produção e a centralização do capital, promove a *concentração do poder de decisão e de influência nas mãos dos bancos.* O controle da riqueza sob a forma *líquida* reforça o poder do capital em geral sobre a força de trabalho e engendra consequências de natureza política. No Capítulo 33 do volume III de *O capital*, intitulado "Meios de circulação sob o crédito", Marx exprime sarcasticamente sua percepção sobre as consequências da "dominação" do sistema de crédito sobre o capital industrial.

O sistema de crédito, cujo eixo [é constituído] pelos grandes bancos nacionais e grandes prestamistas de dinheiro e usurários que pululam em torno deles, representa uma enorme centralização e confere a esta classe parasitária *um poder fabuloso* que lhe permite não só dizimar periodicamente os capitalistas industriais, senão imiscuir-se de modo mais perigoso na verdadeira produção, assunto que esta banda não entende absolutamente nada. As leis de 1844 e 1845 (as leis bancárias) provam o poder crescente destes bandoleiros, com os quais se aliam os demais financeiros e os operadores dos mercados de ações. (Marx, 1966c, p.511, v.III)

Criatura da centralização do capital promovida pelo capital a juros, isto é, pelo capital replicado sob a forma de capital-propriedade, a sociedade anônima supõe necessariamente a transferência de poder do capital industrial para o capital financeiro, enquanto forma *superior* de controle das decisões. A "financeirização" do controle capitalista e de suas decisões dissimula a dominação do capital em geral sobre o trabalho coletivo e altera a atividade de coordenação e supervisão de um processo de trabalho cada vez mais complexo e de gestão de um valor-capital de magnitude crescente, o que impõe a diferenciação das funções anteriormente concentradas no capitalista individual.

Em desacordo com interpretações vulgarizadas, a monopolização capitalista, o surgimento da grande empresa e a intervenção do Estado não promovem a "supressão" das relações mercantis e, muito menos, a abolição da concorrência como expressão daquelas relações. Uma das características do capitalismo, segundo essa visão, seria a multiplicidade de pequenas e médias empresas agindo em um mercado concorrencial, sob a coordenação do mecanismo de preços, com mínima intervenção estatal.

Na verdade, atribuem a Marx uma ideia de concorrência que não é a sua. A confusão frequente ocorre devido ao fato de que apenas no volume III de *O capital* Marx deixar perfeitamente claro o que entende por concorrência capitalista. A princípio, ele estabelece que de acordo com a lei da concentração e centralização do capital, a competição tenderia a decrescer com o desenvolvimento do capitalismo. No entanto, Marx se referia aqui de modo específico à simples competição de preços que se realiza em apenas um ramo ou esfera da indústria. Ao estudar o fenômeno da competição capitalista, no mencionado volume, Marx afirma que

teoricamente supõe-se que as leis da competição operam em sua forma pura. No entanto, no mundo real, existe apenas uma aproximação [dessa forma]; mas esta aproximação será maior quanto mais desenvolvido o modo de produção capitalista e menos amalgamado com sobrevivências de condições econômicas anteriores. (Marx, 1966c, p.805, v.III)

A implicação disso é que, consideradas a leis de movimento do regime do capital, a concorrência se torna mais generalizada quanto mais desenvolvido o capitalismo: O que a competição realiza inicialmente em um único setor é um único valor de mercado e um único preço de mercado derivados de vários valores individuais de diferentes mercadorias. No entanto, é a competição de capitais em diferentes esferas que inicialmente faz que os preços de produção nivelem as taxas de lucros nas diferentes esferas. Esse processo requer um desenvolvimento maior da produção capitalista do que a competição previamente mencionada. Mais concretamente, no capitalismo industrial, caracterizado pela existência de capital fixo, o mecanismo de preços relativos é incapaz de promover a equalização da taxa de lucro por meio da concorrência: apenas a parte do capital depreciada durante um período de produção volta à forma líquida depois da venda das mercadorias. Mesmo a pequena firma do capitalismo clássico, produzindo um só bem, estava bastante distante de poder utilizar os recursos financeiros em qualquer setor. Para preservar o valor de seu capital, via-se obrigada a continuar expandindo a produção na mesma indústria, mediante a redução de custos ou com ganhos de escala. Isto impede a mobilidade do capital, tal como imaginada pelos neoclássicos. Não se pode pensar na competição intersetorial realizada por meio do mecanismo de preços. Nesse sentido, já está implícita em Marx a ideia de que a concorrência conduzia necessariamente à concentração e à centralização crescente do capital, o que para ele se constituía no processo determinante da "abolição do capital como propriedade particular dentro dos quadros da produção capitalista".

A empresa capitalista individual não dispõe de recursos para responder às variações dos preços relativos, alterando sua localização setorial. A lógica da concorrência generalizada, em Marx, só se manifesta concretamente quando a empresa capitalista tem condições de superar os limites impostos à livre mobilidade do capital pela natureza do capital fixo. Tais condições de livre mobilidade não se estabelecem mediante respostas à operação dos mercados, ou seja, do mecanismo de preços.

O processo de concorrência é, ao mesmo tempo, um processo que envolve a alteração do tamanho da firma, a diversificação da estrutura produtiva e a existência de formas financeiras aptas a "descongelar" o capital já empregado e mobilizá-lo na direção de novos empreendimentos. Em outras palavras, o crucial na concorrência generalizada é a maior ou menor capacidade que as diversas unidades de capital apresentam para superar barreiras à sua expansão.

Por essas razões, o desdobramento das categorias em *O capital* culmina na construção de uma *estrutura em movimento*, uma dinâmica que não é compatível com o conceito de preços de equilíbrio, sejam eles de matriz Walrasiana ou Sraffiana. Como já foi dito no capítulo anterior, não se trata de cuidar de um sistema de preços em reprodução simples, mas de formular uma hipótese de formação de preços em condições de reprodução ampliada em que prevalecem o progresso tecnológico e a conquista de posições mais vantajosas nos mercados. Em uma economia capitalista inexoravelmente monetária, a reiteração do circuito D-M-D' depende das antecipações dos gestores do valor capital. Os funcionários do capital estão obrigados a fixar os preços nominais, calculados a partir dos custos monetários de produção. Tais custos estão *dados* em cada momento que precede a reiteração do circuito capitalista. Eles incluem o valor monetário do capital variável e do capital constante, acrescidos da taxa *imaginada* ou esperada de lucro, a remuneração do capital total "avançado".

A taxa média de lucro atua praticamente *na mente e nos cálculos do capitalista como um elemento regulador*, não só enquanto determina a transferência de capitais de uma esfera de inversão para outra, senão também no que se refere a todas aquelas vendas e contratos que abarcam o processo de reprodução no longo prazo. (Marx, 1966c, p.804, v.III)

Marx deixa claro que

na concorrência entre os distintos capitalistas, assim como na concorrência que se desenvolve no mercado mundial, são as magnitudes dadas e supostas do salário, dos juros e da renda da terra que entram no cálculo como magnitudes constantes e reguladoras; constantes não no sentido de que não variem, senão de que *existem como um fator dado em cada caso concreto* e constituem o limite constante dentro do qual oscilam os preços de mercado. (Marx, 1966c, p.807, v.III)

Não são os preços de produção, enquanto preços "reais" que movem a competição capitalista, mas a competição capitalista é que determina *post festum* os preços de produção: o valor relativo das mercadorias no processo de troca não pode estar posto logicamente antes do movimento dos capitais individuais na faina da autovalorização. Em seu enfrentamento na captura da fração da mais-valia total que caberá a cada uma, as unidades de capital geram, em cada momento (e a despeito dos preços nominais fixados *ex ante* pelos capitais individuais), um sistema de preços de produção. Os preços de produção divergem sistematicamente da forma valor das mercadorias, ou seja, de sua expressão necessariamente monetária, porquanto resultam da concorrência dos capitais individuais na busca de maior rentabilidade, o que torna a taxa média de lucro um valor ideal em permanente mutação.

Sem mobilidade de capitais, não há como realizar a lei interna da acumulação capitalista, compatibilizar a lei do valor com a tendência à formação da taxa média de lucro. Essa média é projetada para o futuro pelo "cálculo dos capitalistas" que a perseguem como norma do modo de produção. No entanto, ao executar as "leis imanentes de valorização do capital", a concorrência generalizada impõe aos capitais individuais a violação reiterada das normas de equivalência entre os capitais.

É interessante notar que a condição mais adequada para esse processo de valorização do capital ocorre com as corporações modernas. Assim, são as grandes empresas que levam a competição capitalista à sua perfeição e não as pequenas empresas do capitalismo concorrencial clássico. As corporações desenvolveram um conjunto de estratégias que lhes permite a expansão em nível inter-regional e internacional, mediante a separação inicial dos departamentos de produção e vendas, posteriormente, mediante a ocupação de diversos mercados e, mais recentemente, por meio da "deslocalização" da manufatura para regiões de menor custo e da utilização intensiva do *outsourcing*. O desenvolvimento de suas atividades de pesquisa, tendo em vista lançar novos produtos ou produtos já existentes com características diferenciadas, lhes permite ganhar a dianteira na luta com outras empresas. Deve-se notar que os preços são utilizados pelas grandes empresas como uma das estratégias de crescimento, talvez a menos importante.

Marx desdobra analiticamente a questão em dois aspectos: primeiro, o fato de a propriedade ser exercida agora sob a forma social, dentro dos limites do regime do capital. Trata-se da abolição progressiva da propriedade individual sem destruir os princípios da propriedade privada. Esse fenômeno tem também como contrapartida a mobilização social dos fundos capitalistas concentrados nas instituições bancárias e demais intermediários financeiros. A ideia de que o capital social está concentrado nos bancos tem implicações tanto para a circulação monetária como para a acumulação e a reprodução. Já vimos que os bancos manejam esses fundos coletivos, o que permite às empresas administrar de maneira "econômica" seus fundos líquidos.

Os empreendimentos capitalistas se tornam mais interdependentes com o desenvolvimento do sistema de crédito e subordinam mais trabalhadores sob o comando do capital, porquanto a capacidade de criação de moeda-crédito pelos bancos promove continuamente a derrubada das barreiras que aprisionariam a acumulação nas cadeias da circulação "simples" do capital monetário, limitações removidas pela "introdução" (do ponto de vista lógico) do sistema de crédito.

A forma socializada assumida pelo capital no sistema de crédito rompe barreiras que estavam colocadas pela forma de existência da propriedade particular. Por isso o capitalismo não é definido, apenas, pela existência da propriedade privada, mas como um sistema que tende a "coletivizar" todas as suas formas de existência. Isso ocorre sem que o sistema deixe de se basear nos critérios *privados* de apropriação da renda e de valorização da riqueza. O capital assume uma forma social nos marcos da propriedade privada. É a superação da propriedade particular no *interior* do regime capitalista de produção, a "coletivização" capitalista.

Em seu movimento de expansão, o sistema de crédito promove a fusão de interesses entre a alta finança e a indústria, constituindo o que Hilferding chamou de capital financeiro. A propósito do conceito de capital financeiro, cabe reproduzir aqui, com algumas modificações, excertos do texto que escrevi com a professora Maria da Conceição Tavares em 1980. A análise de Hilferding tem caráter geral e não se prende, apenas, à descrição morfológica do capitalismo monopolista alemão. Não há dúvida de que parte de sua investigação diz respeito à forma específica de associação entre os bancos e as grandes empresas, que deu origem aos grandes cartéis alemães.

A presença desse duplo movimento analítico na obra de Hilferding levou alguns autores, Sweezy entre eles, a confundir o caráter morfológico particular do cartel alemão, no que se refere à fusão de interesses entre o capital bancário e o capital industrial, sob a hegemonia do primeiro, com a questão mais geral e central do papel do capital financeiro no processo de monopolização.

John Hobson, em seu livro clássico, *The Evolution of Modern Capitalism* (1965), cuja primeira edição é do final do século passado, desenha os contornos teóricos do assim chamado capitalismo trustificado. Essa forma "moderna" assumida pelo capitalismo foi desenvolvida a partir das modificações ocorridas na economia norte-americana, na virada do século. Os resultados das transformações observadas receberam a qualificação de "capitalismo moderno", sobretudo no sentido de que o surgimento e desenvolvimento da grande corporação norte-americana se constituíram no embrião "nacional" do posterior desdobramento transnacional do grande capital.

Não poucas vezes são ressaltadas, para explicar o atual predomínio da economia norte-americana, as vantagens tecnológicas de seu sistema manufatureiro vis-à-vis ao complexo industrial europeu. Com o mesmo propósito alguns autores apontam para a natureza continental do espaço econômico dos Estados Unidos. Mais recentemente a ênfase é colocada na morfologia multidivisional da corporação norte-americana.

Hobson, da mesma maneira que Hilferding, acentuou corretamente o papel do capital financeiro para explicar o surgimento da grande empresa norte-americana e o caráter de sua hegemonia futura. No Capítulo 10, "The Financier", Hobson aponta para os elementos básicos que, ainda hoje, podem ser considerados essenciais na estruturação econômica do grande capital monopolista.

As mudanças radicais operadas na organização industrial da grande empresa vão acompanhar do aparecimento de uma "classe financeira", o que tende a concentrar nas mãos dos que operam a máquina monetária das sociedades industriais desenvolvidas, isto é, dos grandes bancos, um poder crescente no manejo estratégico das relações intersetorias e internacionais do sistema. Assim, diz Hobson (1894, p.243), "a reforma da estrutura empresarial à base do capital cooperativo, mobilizado a partir de inúmeras fontes privadas e amalgamado em grandes massas, é utilizada em favor da indústria lucrativa por diretores competentes das grandes corporações". Como se vê, Hobson coloca o acento na "classe financeira" como comandante estratégico da grande empresa e não no fato de que estejam os bancos comprometidos com a gestão direta da empresa industrial. A solidariedade entre bancos e empresas se concretiza em uma "comunidade de negócios", já que, por sua forma peculiar de estruturação, a moderna companhia norte-americana tinha se tornado virtualmente possuidora de todo o espectro de atividades estratégicas do capitalismo: minas, transporte, banco e manufaturas.

Na verdade, o que distingue essa forma de capital financeiro das que a precederam historicamente é o caráter universal e permanente dos processos especulativos e de criação contábil de capital fictício, práticas ocasionais e "anormais" na etapa anterior do "capitalismo disperso". A natureza intrinsecamente especulativa da gestão empresarial, nessa modalidade de "capitalismo moderno", traduz-se pela importância crescente das práticas destinadas a ampliar "ficticiamente" o valor do capital existente, tornando necessária a constituição de um enorme e complexo aparato financeiro. Segundo Hobson, uma companhia honesta costuma atribuir um valor separado aos ativos tangíveis – terra, edifícios, maquinaria, estoques etc. – e aos ativos não tangíveis – patentes, marca, posição no mercado etc. No entanto, a estimativa real do valor dos ativos é efetivamente calculada a partir de sua capacidade de ganhos. Se os ativos tangíveis podem ser avaliados pelo seu custo de produção ou reposição, aqueles de natureza não tangível só podem sê-lo por meio de sua capacidade líquida de ganho. Esta, por sua vez, só pode ser estimada como o valor capitalizado da totalidade dos rendimentos futuros esperados, menos o custo de reposição dos ativos tangíveis. É aqui, neste último elemento (ativos não tangíveis), que reside a elasticidade do capital, comumente utilizada pela "classe financeira" para ampliar a capitalização para além dos limites da capacidade "real" de valorização. Dessa forma, a capacidade estimada de ganho de uma grande companhia, independentemente de como seja financiada, repousa fundamentalmente no controle dos mercados, na força de suas armas de concorrência e é, portanto, amparada em métodos avançados de produção, altamente especulativa no cálculo de seu valor presente.

Entre essas práticas incluem-se tanto as levadas a cabo nos mercados de capitais quanto as exercidas por meio da manipulação de preços das mercadorias, em particular de matérias-primas sob seu controle. A ampliação e a consolidação dessas práticas, do ponto de vista do conjunto da economia monopolista, só pode ter livre curso com a expansão do crédito.

Quando nos damos conta do duplo papel desempenhado pelos bancos no financiamento das grandes companhias, primeiramente como promotores e subscritores (e frequentemente como possuidores de grandes lotes de ações não absorvidas pelo mercado) e, em segundo lugar, como comerciantes de dinheiro – descontando títulos e adiantando dinheiro –, torna-se evidente que o "negócio" do banqueiro moderno é a gestão financeira geral (*general financier*) e que a dominação financeira da indústria capitalista é exercida fundamentalmente pelos bancos. (Hobson, 1894, p.243)

E, à medida que o crédito vai se tornando a força vital dos negócios modernos, a classe que o controla fica cada vez mais poderosa, tomando para si – como seus lucros – uma proporção cada vez maior do produto da indústria.

A predominância do financeiro na organização do capitalismo monopolista apenas demonstra que a autonomização do capital a juros, referida por Marx, acaba se resolvendo no comando sobre o capital produtivo, independentemente da forma particular que esse comando possa assumir ou da forma morfológica que a grande empresa venha a adotar em suas estratégias de expansão. A função "corruptora" do capital a juros, vislumbrada por Marx em sua imagem do Moloch e concretizada no processo de fazer dinheiro a partir do dinheiro, prescindindo de qualquer mediação do capital produtivo, é também ressaltada por Hobson. A "classe financeira", como classe distinta dos capitalistas e dos investidores "amadores", utiliza sua função legítima e profícua de direção da parte mais importante dos fluxos de capital para desenvolver métodos de ganho privado, todos eles "um abuso e uma corrupção de sua verdadeira função".

A modalidade de organização da empresa capitalista que torna possível a fusão de interesse entre os gestores capital-dinheiro e os administradores do capital produtivo é a sociedade anônima, cujo caráter "coletivista" se sobrepõe aos capitais dispersos e, ao mesmo tempo, reforça sua rivalidade. Representa, nas palavras de Marx (1966), a "abolição da indústria privada capitalista dentro do próprio regime capitalista de produção".

Marx fala claramente que essa forma desenvolvida de existência do capital dá origem ao monopólio, às formas mais escandalosas de controle político e à submissão do Estado aos ditames da finança. Esse é o resultado do processo de *abstração real* que acentua o caráter cada vez mais socializado da criação de valor no regime do capital, que, ao mesmo tempo, impõe a substituição da moeda mercadoria pela moeda-crédito como forma geral da riqueza.

O desenvolvimento do capital financeiro depende da constituição dos mercados secundários de negociação dos títulos de dívida e ações que "regulam" a transferência da propriedade entre os capitalistas. O regime do capital – compreendido em todas as suas determinações – supõe o desenvolvimento dos mercados financeiros e de capitais incumbidos da avaliação dos títulos de dívida e dos direitos de propriedade sobre a riqueza e a renda. Esse "sistema" garante a reprodução do regime de apropriação privada da riqueza e, ao mesmo tempo, ameaça continuamente de aniquilação os produtores-proprietários individuais que não conseguem acompanhar a corrida imposta pelas "normas" técnicas, econômicas e financeiras que caracterizam cada etapa do processo de valorização do capital. Os direitos de propriedade são também direitos à expropriação.

Em seu desenvolvimento, o capital financeiro engendra a criação de formas de negócios e de enriquecimento que pretendem se tornar independentes das leis da produção de mais--valia e das normas de reprodução e acumulação do capital produtivo. De um lado, a concentração da riqueza líquida nos bancos e demais instituições financeiras enseja o adiantamento de recursos livres e líquidos para sancionar a aposta do capitalista em funções que resolveu colocar o seu estoque de capital em operação, contratando trabalhadores e adquirindo meios de produção. De outra parte, no movimento de expansão do valor que se valoriza, o regime do capital, ao ampliar as relações de débito e crédito, "cria" o mercado de negociação de valores e engendra as condições jurídicas para a continuidade do processo de "expropriação dos expropriadores" e de destruição de capital efetivo e fictício.

As façanhas do capital fictício – a avaliação e a negociação dos direitos de propriedade e de dívidas – abrem espaço para episódios especulativos. O capital financeiro em sua fúria de dominação e de valorização fictícia da riqueza tende a empurrar a economia capitalista para sucessivas crises de superacumulação e de crédito, provocando com violência a "reunião do que não deveria estar separado". Esse "retorno" aos fundamentos se efetua mediante a desvalorização dos títulos que representam direitos à apropriação da renda futura e do patrimônio: títulos de dívida e de propriedade, mercadorias não vendidas e sem valor, capacidade produtiva excedente. Nas crises fica demonstrado que não é possível preservar o capital em funções das escaladas de valorização da riqueza capitalista na esfera financeira.

As relações entre a "economia real" e a economia monetário--financeira não são de exterioridade, mas nascem dos desdobramentos das formas assumidas pelo capital em seu movimento de expansão permanente. Nesse movimento estão inscritas, como já foi dito, a concentração e centralização do controle do capital líquido em instituições de grande porte e cada vez mais interdependentes. O circuito D-D' nasce das tendências centrais do regime do capital: um processo necessário e inexorável, porque a acumulação capitalista é acumulação de riqueza abstrata e, ao mesmo tempo, um movimento de *abstração real* que transfigura o dinheiro, a encarnação substantivada do valor e da riqueza, nas formas "desenvolvidas" do dinheiro de crédito, do capital a juros e do capital fictício.

A propósito do dinheiro de crédito, Marx afirmou reiteradamente que o desenvolvimento (no sentido lógico-genético) do regime do capital reforça o caráter social da produção de mercadorias e esse avanço da "socialização capitalista" torna a conversibilidade do dinheiro de crédito no dinheiro mercadoria "uma aspiração disparatada". Como mencionado anteriormente, para Marx, o dinheiro – a forma geral do valor e expressão universal da riqueza –, somente ele, realiza a riqueza individual como riqueza social; é o dinheiro esse objeto. Há quem confunda essa objetividade com a corporeidade metálica, mas, na construção de *O capital*, a corporeidade metálica é apenas o passo "mercantil" para que a objetividade assuma a sua forma apropriada ao regime do capital plenamente constituído.

A existência social [do dinheiro] "aparece" como um objeto, uma coisa, como mercadoria, junto aos elementos reais da riqueza social e, ao mesmo tempo, à margem deles. Quando a produção funciona sem entorpecimentos, isto não é lembrado. O crédito *que também é uma forma social da riqueza* substitui o dinheiro [metálico] e usurpa o lugar que lhe correspondia. *É a confiança no caráter social da produção que faz a forma dinheiro dos produtos (forma material-LGMB) como algo destinado a desaparecer, como algo puramente ideal, como mera representação...* mas, tão logo estremeça o crédito, pretende-se que toda a riqueza real deve ser convertida em dinheiro (nas reservas-ouro), *aspiração disparatada*, mas que brota necessariamente do sistema mesmo.

O sistema que produz essa *aspiração disparatada* é a ilusão que nasce do jogo entre o caráter cada vez mais social da produção no regime do capital e a forma material do dinheiro *destinada a desaparecer*. A conversibilidade do dinheiro de crédito na moeda metálica já é uma *relíquia bárbara* diante da evolução do sistema de crédito e da desmaterialização do dinheiro, *algo puramente ideal fundado na confiança*.

Mais adiante, Marx reafirma que no capitalismo

ressaltam de modo mais palmar e sob uma forma grotesca uma contradição e um contrassentido: 1º) no sistema capitalista a produção enquanto produção de valores de uso direto é eliminada de modo mais completo e, portanto, a riqueza só existe como um *processo social*; 2º) porque ao se desenvolver o sistema de crédito, a produção capitalista tende a suprimir continuamente o limite metálico – material e fantástico da riqueza e de seu movimento – mas quebrando seguidamente sua cabeça contra ele.

Marx mostra que todo ciclo capitalista termina com a especulação financeira e com a crise monetária e de pagamentos. A exacerbação da duplicação das formas do capital não é um defeito da dinâmica do capitalismo, mas resultado inevitável da unidade originária e contraditória entre valor de uso e valor. A cisão começa com a dupla natureza da mercadoria, valor de uso e valor que se resolve *na autonomização do valor que se valoriza* e se desdobra nas formas M-D-M e D-M-D' e depois D-D'. Marx chama a atenção para a unidade contraditória das formas de existência do regime do capital, o que se exprime, repito, na "separação do que não poderia estar separado".

Por isso, o capital financeiro, em seu movimento de valorização, tende a arrastar o capital em funções para o frenesi especulativo da criação contábil de capital fictício. A chamada desregulamentação financeira mostrou de forma cabal como a "natureza" intrinsecamente especulativa do capital fictício se apoderou da gestão empresarial, impondo práticas destinadas a aumentar a participação dos ativos financeiros na composição do patrimônio, inflar o valor desses ativos e conferir maior peso ao poder dos acionistas. Particularmente significativas são as implicações da "nova finança" sobre a *governança corporativa*. A dominância da "criação de valor" na esfera financeira expressa o poder do acionista, agora reforçado pela nova modalidade de remuneração dos administradores, efetivada mediante o exercício de opções de compra das ações da empresa.

Essa lógica financeira suscitou, além dos escândalos conhecidos, surtos intensos de demissões, eliminação dos melhores postos de trabalho, enfim, a maníaca obsessão com a redução de custos. As análises dos avaliadores de risco e dos certificadores do valor das empresas não se concentram apenas na ampliação do lucro real e do patrimônio líquido, mas dão muita importância à geração de Ebitda (*Earnings before interest, taxes, depreciation and amortization*). São lucros registrados antes do pagamento de juros, impostos e depreciação que indicam a capacidade de geração de recursos líquidos (caixa operacional) pela empresa. Os analistas de investimento, em geral, recomendam a seus clientes as empresas que apresentam Ebtida positivo. Isso está baseado na ideia de que quanto maior a capacidade de geração de caixa, maior o valor da empresa.

A "geração de valor" para os acionistas acirra a concorrência entre as empresas na busca de ganhos especulativos de curto prazo, isso enquanto a liquidez dos mercados permite a constante reestruturação das carteiras pelos administradores dos fundos financeiros "coletivizados". No sistema de crédito, os prestamistas finais disponibilizam – por meio dos bancos comerciais e demais intermediários financeiros – recursos destinados ao conjunto da classe capitalista, para um empreendimento que eles não sabem qual é. Entregam aos especialistas das finanças a administração de suas "poupanças" e dependem de seus critérios para a obtenção de rendimentos.

Socialização significa não apenas que o crédito permite o aumento das escalas produtivas, da massa de trabalhadores reunidos sob o comando de um só capitalista. Significa mais que isso: os capitais individuais passam a ser mais interdependentes e "solidários" no sistema de crédito e, portanto, mais dependentes do movimento geral do capital. A "separação" entre o capital em funções e o capital na qualidade de propriedade promove a subordinação "solidária" do capital produtivo à sua forma mais "geral e abstrata".

Isso faz que a remuneração do capital em geral "apareça" sob a forma de juros e dividendos. Formas aparenciais são, ao mesmo tempo, ilusórias, no sentido de que ocultam as conexões fundamentais desse modo de produção, mas também formas necessárias como expressões das relações de produção "transformadas" pelo processo de abstração real. Os juros aparecem como forma de remuneração do capital *sans phrase* e sua formação nos mercados de riqueza mobiliária depende da demanda e oferta de capital-dinheiro transfigurado na forma de capital a juros, capital-propriedade. Essa é a forma mais geral de existência do capital, a sua forma "verdadeira", no sentido de que é a mais desenvolvida. "É evidente que no capital a juros, o capital se completa como fonte misteriosa e autocriativa de seu próprio acrescentamento [...] é o capital *par excellence*" (Marx, 1954c, v.III).

O capital a juros é a forma que reflete *por excelência* a natureza invertida desse sistema, no sentido de que em seu funcionamento concreto, o capitalismo *parece* negar as determinações de seus fundamentos. Quando Marx diz que "parece negar" está dizendo que as formas ilusórias são, ao mesmo tempo, as formas concretas, aquelas que, em "aparente" contradição com os fundamentos, informam as decisões dos capitalistas. Assim, o capital, em sua forma suprema, mais desenvolvida, insiste em obter mais valor do seu próprio processo de circulação (D-D'), prescindindo dos "fundamentos" que possibilitam a valorização do valor, ou seja, a utilização da força de trabalho pelo capital em funções e a criação de renda monetária mediante o gasto originário da classe detentora dos meios de produção e controladora do crédito, ou seja, mediante o circuito D-M-D'.

Assim o juro e não o lucro aparece como criação de valor, nascido do capital como tal e, portanto, originário da mera propriedade do capital: consequentemente ele é visto como um rendimento criado pelo capital. Essa é a forma pela qual o juro é concebido pelos economistas vulgares. Sob essa forma todas as relações intermediárias são ocultadas e a aparência fetichista do capital, assim como o conceito de capital-fetiche, assume sua completude. Essa forma surge necessariamente porque o aspecto jurídico da propriedade é separado do seu aspecto econômico e uma parte do lucro sob o nome de juro é apropriado pelo capital completamente separado do processo de produção. (Marx, 1954b, v.II)

A transfiguração do sistema monetário suscitada pela generalização do crédito e da *moeda-crédito* tornou a valorização do capital cada vez mais dependente das instituições que administram a riqueza socializada e, portanto, das relações entre elas e as ações dos bancos centrais e dos tesouros nacionais. A estabilidade da economia monetária depende das complexas relações entre os fundos coletivos administrados pelos comitês privados de avaliação do crédito e da riqueza mobiliária e a capacidade do Estado, mediante as decisões do banco central, de orientar as expectativas dos agentes privados empenhados na liça da acumulação de riqueza abstrata. Esses trabalhos do Estado são executados pela política monetária do banco central em conjunto com a gestão da dívida pública pelo tesouro. No regime de moeda denominada pelo Estado e emitida pelo sistema bancário, a estabilidade da economia não pode ser garantida, como imaginam os partidários do *free banking*, pelos critérios privados de maximização dos ganhos, como o demonstra à saciedade a experiência histórica dos sistemas bancários desregulamentados e, na prática, desprovidos de autoridade central pública. A crise de 2007 desvelou as relações carnais entre o dinheiro, as finanças públicas e os mercados financeiros privados no capitalismo contemporâneo. O moderno sistema de crédito – incluído o banco central – opera como o espaço em que se explicita a natureza ambígua do dinheiro na economia capitalista: bem público, ou seja, forma social da riqueza e objeto do enriquecimento privado. Os bancos (e, hoje, os demais intermediários financeiros que se abastecem nos mercados monetários) são provedores da infraestrutura do mercado, na medida em que definem as normas de acesso à liquidez, ao crédito e administram o sistema de pagamentos. Tais normas impõem constrangimentos às condições de produção e de concorrência das empresas. Gestores público-privados da forma geral da riqueza, os bancos cuidam de administrar o estado da liquidez e do crédito de acordo com a maior ou menor confiança na possibilidade das empresas e dos governos de controlarem seus balanços.

A propriedade, agora socializada pelo capital financeiro (pelos bancos e pela massa de poupadores), reclama a presença de um ente público capaz de garantir, em última instância, as condições monetárias adequadas à reprodução do capital. O banco central assume a função de coordenador das expectativas privadas que governam as decisões sobre a posse da riqueza. Tais decisões são necessariamente tomadas nas instâncias aparenciais, "superficiais", isto é, no âmbito das ilusões necessárias, ou, como disse Michel Foucault, "nas brumas das banalidades burguesas a respeito do valor, do capital e do lucro". Daí as repercussões não previsíveis e frequentemente desastrosas nas camadas "profundas" desse regime de produção.

Todas as formas de valorização "aparecem" no âmbito da concorrência como se fossem subordinadas à valorização do capital fictício. Todas as formas de renda aparecem sob a forma de renda capitalizada (inclusive os salários, não por acaso, visto pela teoria dominante como o rendimento do *capital humano*). Marx dá o exemplo de uma aplicação de 100 libras que rende 5%. Isso significa que qualquer aplicação de 100 libras, tomando a taxa de juros média do mercado, deve render 5%. Quando ele faz essa afirmação, está dizendo que a taxa de juros aparece efetivamente como o limite inferior da aplicação de qualquer capital. A existência da capitalização, ou dessa forma de remuneração do capital, impede que qualquer outro modo de remuneração renda menos. Todos os capitalistas, inclusive aos capitalistas em função, passam a calcular o valor do seu capital a partir desse critério.

A remuneração da forma capital a juros passa a ser a forma determinante como o mínimo da remuneração de qualquer capital. As normas da valorização são fixadas no mercado de "valores". Os valores, os títulos, não são meras duplicações, representações do capital existente, mas formas "separadas" de existência do capital que passam a contaminar o processo de avaliação da riqueza na esfera real.

Ao desenvolver-se o capital-dinheiro disponível, também se desenvolve a massa de valores rentáveis, títulos do Estado, ações etc. Mas aumenta ao mesmo tempo a demanda de capital-dinheiro disponível posto que os que especulam com títulos e valores desempenham um papel fundamental no mercado de dinheiro [...]. Se todas as compras e vendas desses títulos não fossem mais do que a expressão dos investimentos reais de capital, seria acertado dizer que não influem na demanda de capital de empréstimo. (Marx, 1966c, p.479, v.III)

Marx, Keynes e as proezas do capital fictício

Marx trata no volume III do circuito próprio do *loanable capital* que mais tarde Keynes chamaria de "circulação financeira" em contraposição à "circulação industrial". Os mercados em que circulam os títulos representativos de riqueza determinam uma nova forma de cálculo para a avaliação da remuneração do capital em seu conjunto. Essa nova forma se dá pelos rendimentos esperados que o capitalista pretenda obter do rendimento de uma soma qualquer, seja a aquisição de um ativo instrumental, seja um título já existente ou títulos da dívida pública – rastros da riqueza já produzida. Há um deslocamento de eixo do cálculo capitalista. O capital fictício tem uma importância teórica maior do que os marxistas costumam lhe atribuir; ele introduz critérios de avaliação do capital que contaminam as decisões sobre a conveniência da posse do capital efetivo. Esses critérios são necessariamente especulativos, no sentido de que se apoiam na avaliação do curso esperado do preço dos ativos.

No capítulo sobre expectativas de longo prazo, Keynes conta uma fábula histórica: antes o investimento era irrevogável para o capitalista, mas com o desenvolvimento dos mercados de negociação dos títulos representativos da riqueza, o capitalista pôde se desvencilhar daquele investimento especializado. A dimensão negativa dessa transformação é a possibilidade de que o curso futuro desses "valores duplicados" possa reduzir o impulso para criar nova riqueza produtiva.

A economia capitalista, como economia monetária em que prevalecem as relações de débito e crédito, pode ser concebida como grande painel de balanços inter-relacionados. Observados em suas inter-relações, os balanços dos bancos, empresas, famílias, governos e setor externo registram, em cada momento, os resultados das decisões de financiamento e de gasto tomadas privadamente pelos participantes do jogo do mercado. As decisões privadas de gasto apoiadas no crédito (e, portanto, no endividamento) são as *variáveis independentes* que determinam a criação de empregos e, portanto, a formação da renda. Assim, na medida em que a criação de valor na esfera produtiva gera o *fluxo de renda agregada* da economia, as operações de débito-crédito modificam a distribuição dos *estoques de direitos sobre a riqueza* e, portanto, a situação patrimonial dos protagonistas. Os *fluxos* de lucros, salários e receitas fiscais produzidos no processo de criação de valor engendram as *poupanças* que vão constituir o *funding* do sistema bancário e do mercado de capitais. Estes últimos, em sua função de intermediários, promovem a validação do crédito e da liquidez (criação de moeda) "adiantados" originariamente pelos bancos para viabilizar os gastos de investimento e de consumo.

No capitalismo, a posse de ativos reprodutivos só se justifica se, além da reprodução de seu próprio valor, esses ativos – meios de produção – estiverem habilitados a gerar uma mais-valia (ou, como diria Keynes, quase-renda) ao proprietário. Como propriedade de alguém, no entanto, a riqueza só pode ser avaliada em sua relação com o "poder" dos demais possuidores de riqueza. A propriedade é a um só tempo uma relação com as "coisas" e uma relação social de interdependência entre produtores privados. Isso impõe aos proprietários privados das formas particulares e especializadas da riqueza a dura e penosa obrigação de submeter seus haveres ao tribunal dos mercados de riqueza, ou seja, à avaliação e à reavaliação de seus rendimentos vis-à-vis com os rendimentos dos demais. Essa avaliação é realizada pela taxa de juros formada no mercado que *desconta* – traz para o presente – o *valor* da capacidade estimada do fluxo de ganhos futuros dos ativos instrumentais e financeiros. Trata-se de converter, em cada momento, o fluxo monetário de receitas futuras proporcionado pela posse do ativo em seu valor presente, na "forma universal", ou seja, na riqueza líquida.

Keynes estava interessado em determinar as mudanças nas relações entre os preços dos ativos. Sua preocupação maior era desvendar as consequências dos critérios de avaliação conflitantes que afligem as decisões capitalistas e, assim, definir as condições em que os proprietários da riqueza capitalista estejam dispostos a proporcionar o aumento dos fluxos de produção e de emprego. Os tempos são "normais" quando as expectativas dos possuidores das várias classes de riqueza acreditam que a vantagem de adquirir ou manter um ativo real é maior do que manter sua riqueza sob a forma líquida. Diria Marx: "neste momento, as mercadorias são tudo e o dinheiro não é nada". Keynes observa, porém, que esse estado de coisas pode desandar: a acumulação privada da riqueza monetária está sujeita à euforia e ao mimetismo, comportamentos que culminam na decepção, na incerteza e no temor do futuro.

Não por acaso Keynes definiu a taxa monetária de juros como o "preço" de se desprender agora da liquidez (o "poder aquisitivo geral") para investir esse dinheiro em um ativo instrumental ou financeiro e reavê-lo em data futura. A taxa de juros exprime, portanto, a maior ou menor preferência do "público" pela posse, agora, da *forma universal da riqueza*. As decisões capitalistas estão permanentemente obrigadas à *arbitragem* entre o presente e o futuro. Essas decisões intertemporais não têm bases firmes, isto é, não há "fundamentos" que possam livrá-las da incerteza. Apoiados em convenções precárias, os detentores de riqueza são compelidos a tomar decisões que podem dar origem a situações opostas: ou a economia está operando em níveis muito baixos de emprego e de ocupação da capacidade produtiva ou ingressa em uma tarjetória eufórica que culmina na exuberância irracional, na decepção das expectativas e na desvalorização da riqueza.

Quando ocorre a ruptura das expectativas, os detentores de direitos sobre a riqueza concentraram suas esperanças na forma de riqueza que o metabolismo social erigiu como a encarnação do valor absoluto, ou seja, o ativo que os possuidores de riqueza *imaginam* dotado de capacidade aquisitiva e liberatória invariável agora e no futuro. Esse ativo é uma construção social, fundado na confiança e não pode ser produzido privadamente, ainda que, em condições de crescimento estável da economia, os produtores privados tenham a impressão de estar "produzindo dinheiro" com a produção e venda de suas mercadorias particulares. A ilusão se desfaz quando o "mercado" se nega a transformar esse "dinheiro particular" na forma universal da riqueza. "O dinheiro é tudo, as mercadorias não são nada."

A crônica jornalística e a literatura de divulgação econômica emprestam um caráter moral aos desatinos da finança contemporânea e de suas crises. É preciso situar cuidadosamente tais explicações. Em sua inflamada indignação contra as malfeitorias dos executivos da Grande Finança, o discurso moralista esconde a natureza constitutiva e contraditória do sistema de crédito e dos mercados de avaliação da riqueza no capitalismo em todas as suas etapas. Os homens são os atores visíveis, os personagens que se movem no proscênio, mas, nos bastidores, as *formas necessárias de existência do capitalismo* manejam os cordéis dos processos de *geração de valor* e de *reprodução da riqueza*.

Keynes procurou mostrar que, na esteira da reiteração do circuito D-M-D', os estoques de direitos sobre a riqueza e a renda ganham maior participação na riqueza total ao longo dos sucessivos ciclos de criação de *valor*. No ciclo financeiro recente, esses estoques passaram a ter maior peso no balanço das empresas e no patrimônio da massa de pequenos e médios *poupadores*, agora incluídos no rol dos beneficiários da valorização dos estoques de riqueza financeira. As famílias, inclusive as de renda média e baixa, dispõem de um patrimônio financeiro – ações, cotas de fundos mútuos e de previdência privada – que se junta ao imobiliário. A valorização ou desvalorização do patrimônio total afeta as decisões de consumo das famílias e de investimento das empresas, como procurei demonstrar em artigo escrito em 1996, em parceria com o professor Luciano Coutinho:

> A mudança na composição da riqueza provocou dois efeitos importantes para as decisões de gasto: 1) ampliou o universo de agentes que, detendo uma parcela importante de sua riqueza sob a forma financeira, têm necessidade de levar em conta a variação de preços dos ativos; 2) esta ampliação do efeito riqueza implica na possibilidade de flutuações mais violentas do consumo e do investimento. O consumo deixa de ter o comportamento relativamente estável previsto pela função consumo keynesiana e passa a apresentar um componente típico das decisões de gasto dos capitalistas.
>
> Isso não significa apenas que uma fração do consumo deixa de ser proporcional à renda corrente, fenômeno que, aliás, se estabelece a partir da generalização do crédito ao consumidor. Significa, isso sim, que aumenta significativamente a possibilidade de endividamento por parte de grupos impor-

tantes de consumidores. Essa maior "alavancagem" dos gastos de consumo das famílias é permitida pela percepção dos consumidores (e dos bancos) de que sua riqueza aumentou por conta da capitalização acelerada dos ativos financeiros. É preciso explicar que o "efeito riqueza" não se realiza mediante uma venda dos ativos para a conversão do resultado monetário em consumo, senão mediante uma ampliação da demanda de crédito por parte dos consumidores "enriquecidos". Confiantes em uma trajetória ascendente de valorização da sua parcela de riqueza, os consumidores tendem a elevar a sua propensão a consumir sobre a renda corrente e simultaneamente a admitir gastos extraordinários, apoiados no aumento do endividamento. A perspectiva de enriquecimento acelerado passa a comandar as decisões de gasto de consumo: o nível de endividamento não é mais calculado sobre a renda corrente e sim sobre a expectativa de crescimento de preços dos ativos que compõem o seu portfólio. Assim, é possível observar aumentos do serviço da dívida sobre a renda corrente, embora a relação entre esse serviço e o estoque de riqueza possa se manter estável ou venha a declinar. (Belluzzo; Coutinho, 1996, p.134)

A "financeirização" não contrapõe imediatamente e diretamente os interesses dos bancos e das instituições financeiras aos interesses da classe operária e demais trabalhadores e assalariados dependentes. No capitalismo plenamente investido em todas as suas formas, a contradição está abrigada nas próprias relações entre as *formas de posse da riqueza*. No movimento da acumulação, ao longo do processo de expansão do valor, ampliam-se os estoques de ativos reais e financeiros, ao mesmo tempo que o progresso tecnológico "desvaloriza" continuamente a força de trabalho e o estoque de capital produtivo existente.

O esforço de investigação de Marx estava empenhado em demonstrar a *dinâmica contraditória das formas* no processo de acumulação de riqueza abstrata. Keynes se ocupou de formular uma *teoria das decisões* na economia monetária da produção.[3] Nos textos preparatórios da Teoria Geral, Keynes escreveu que concebe

> a *organização da sociedade* consistindo de um lado, em um número de firmas ou empreendedores que possuem equipamento de capital e comando sobre os recursos sob a forma de dinheiro, e de outro, em um número de trabalhadores buscando emprego. Se a firma *decide* empregar trabalhadores para usar o equipamento de capital e gerar um produto, ela deve ter suficiente comando sobre o dinheiro para pagar os salários e a matéria-prima que adquirir de outras firmas, durante o período de produção até o momento em que o produto seja convenientemente vendido por dinheiro. (Keynes, 1971, p.83, v.XXIX)

A fórmula D-M-D' emprestada de Marx e utilizada por Keynes nos manuscritos de 1933 tem o propósito de afirmar o caráter *originário* das decisões de gasto monetário dos capitalistas, em um duplo sentido: 1) uma classe social tem a faculdade de gastar acima de sua renda corrente e 2) essa decisão cria um espaço de valor (a renda nominal), mediante o pagamento dos salários, geração de lucros e pagamentos de juros e rendas sob a forma monetária. Ao contrário da Lei de Say em que a oferta cria a sua própria demanda, é o gasto que cria a renda – *expenditure creates income*. O que permite ao capitalista gastar acima de sua renda corrente é a existência do crédito. O crédito é uma aposta, uma antecipação, sujeita a perdas, do valor a ser criado mediante a contratação da força de trabalho e sua utilização no processo de produção.

---

3 Devo esta observação à crítica sempre percuciente do professor João Manuel Cardoso de Mello.

O sistema de crédito e os mercados financeiros são constitutivos dos processos de formação das decisões que comandam a posse da riqueza. Essas decisões incluem: 1) as decisões de curto prazo, isto é, as que dizem respeito à colocação em operação do estoque de capital produtivo existente, determinadas pela avaliação do *custo de uso, ou seja, pelo custo de oportunidade de colocar os ativos produtivos em operação*; e 2) as decisões de longo prazo, aquelas que se destinam à criação de nova capacidade produtiva e à introdução do progresso técnico.

Essas decisões são intrinsecamente especulativas: no capitalismo já investido de todas as suas configurações, os critérios de avaliação da riqueza dita "fictícia" contaminam as decisões a respeito da posse de ativos, sejam ele financeiros ou reprodutivos.

A dominância da forma financeira, ao contrário do que pretende a vulgata de esquerda, não denuncia o "descolamento" da valorização fictícia dos estoques de riqueza já produzida em relação à geração de valor na esfera produtiva, senão acusa o desenvolvimento das formas avançadas, isto é, mais *socializadas e contraditórias* de geração do valor e de avaliação da riqueza.

4
A transfiguração neoliberal
e a construção da crise de 2008

As regras autodestrutivas da finança são capazes de apagar o sol e as estrelas porque não pagam dividendos.

John Maynard Keynes, 1933

Notas sobre a internacionalização capitalista no pós-guerra

Na segunda metade do século XX, a expansão mundial do capitalismo sob a hegemonia norte-americana mudou a divisão internacional do trabalho e o esquema centro-periferia proposto pela hegemonia inglesa. O espaço econômico internacional, na posteridade da Segunda Guerra Mundial, foi construído a partir do projeto de integração entre as economias nacionais, proposto pelo Estado norte-americano e por sua economia. A hegemonia de Tio Sam foi exercida mediante a expansão da grande corporação norte-americana e seus bancos. Depois da reconstrução econômica da Europa e da resposta competitiva da grande empresa europeia, a rivalidade entre os sistemas empresariais vai promover o investimento produtivo cruzado entre os Estados Unidos e a Europa e a primeira rodada de industrialização fordista na periferia.

Quadro 1 – Taxas de crescimento do PIB nos EUA e na Europa

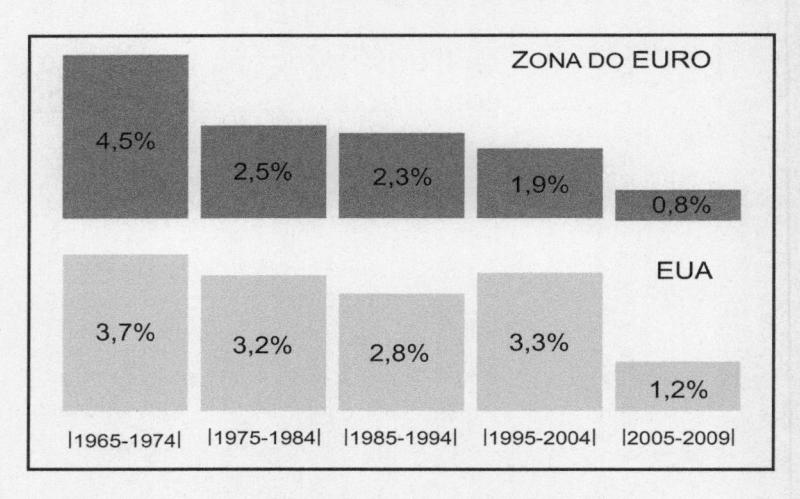

Fonte: Eurostat, OCDE, FMI, M. Aglette (*Le Monde*, 18/5/2010)

Durante a chamada "era dourada" (1947–1973), a expansão do comércio envolvia, sobretudo, o intercâmbio de bens finais de consumo e de capital entre os parceiros do Atlântico Norte. Depois da Revolução Chinesa e da Guerra da Coreia, entrariam na dança o Japão e, mais tarde, a própria Coreia e Taiwan, com seus respectivos sistemas empresariais. A América Latina "desenvolvimentista" foi integrada a esse surto de expansão. O Brasil valeu-se de políticas nacionais de industrialização que, no âmbito doméstico, trataram de promover a "internacionalização" da economia, ou seja, a repartição de tarefas entre as corporações multinacionais, as empresas estatais e os empreendimentos privados nacionais, os dois últimos encarregados de produzir os bens intermediários e matérias-primas semiprocessadas. Essa etapa terminou na *crise do dólar* de 1971 e na decretação unilateral da inconversibilidade da moeda norte-americana.

A história da economia mundial, desde meados dos anos 1940, não pode ser contada sem a compreensão das peripécias do dólar em seu papel de moeda de faturamento nas transações internacionais e de ativo de reserva universal. No imediato pós-guerra, sob a égide de Bretton Woods, o poder do dólar conversível sustentou três processos simultâneos: 1) o déficit na conta de capitais, produto da expansão da grande empresa norte-americana, garantiu o abastecimento da liquidez requerida para o crescimento do comércio mundial; 2) daí, a reconstrução dos sistemas industriais da Europa e do Japão; e 3) a industrialização de muitos países da periferia, impulsionada pelo investimento produtivo direto em conjugação com políticas de desenvolvimento nacional.

Os desequilíbrios crescentes do balanço norte-americano de pagamentos levaram à breca o sistema de conversibilidade e taxas fixas de Bretton Woods, ao impor a desvinculação do dólar em relação ao ouro em 1971 e a introdução das taxas de câmbio flutuantes em 1973. A continuada desvalorização do dólar nos anos 1970 colocou em apuros a economia mundial.

A crise de estagflação e da baixa "produtividade" da década de 1970 foi enfrentada com a elevação da *policy rate* deflagrada por Paul Volker em 1979. O aumento dos juros foi apresentado, então, como uma medida destinada a alcançar o objetivo doméstico de controle da inflação, mas o efeito mais relevante para a economia internacional foi a recuperação da força do dólar como moeda de reserva e de seu papel nas transações comerciais e financeiras. Isso promoveu profundas alterações na estrutura e na dinâmica da economia mundial. A partir do início dos anos 1980, intensificou-se o movimento de migração da indústria manufatureira para as regiões nas quais prevalecia uma relação câmbio/salários mais competitiva e ampliaram-se os desequilíbrios nos balanços de pagamentos entre os Estados Unidos, a Ásia e a Europa.

Nas três décadas seguintes, à sombra do fortalecimento do dólar, os Estados Unidos promoveram as políticas de abertura comercial e impuseram a liberalização financeira *urbi et orbi*. Assim, suas empresas encontraram o caminho mais rápido e desimpedido para a migração produtiva, enquanto seus bancos foram investidos plenamente na função de gestores da finança e da moeda universais. Isso significa que os bancos norte-americanos estavam habilitados a: 1) administrar em escala global a transformação da rede de relações débito-crédito, fazendo avançar o processo de securitização; 2) comandar a circulação de capitais entre as praças financeiras e, portanto, afetar a formação das taxas de câmbio; 3) promover as mudanças na estrutura da propriedade, ou seja, organizar o jogo da concentração patrimonial e produtiva; e 4) dar fluidez ao sistema de pagamentos em escala global.

Nos últimos quarenta anos, a desregulamentação dos mercados e a crescente liberalização dos movimentos de capitais alteraram profundamente o *jogo das regras*. A partir de 1973, os regimes cambiais caminharam na direção de um sistema de taxas flutuantes. Tratava-se, diziam, de escapar das aporias da "trindade impossível", ou seja, da convivência entre taxas fixas, mobilidade de capitais e autonomia da política monetária doméstica. As palavras de ordem do novo consenso proclamavam as virtudes da abertura comercial, da liberalização das contas de capital, da desregulamentação e da "descompressão" dos sistemas financeiros domésticos.

Um após outro, os países de moeda não conversível promoveram a abertura financeira. Nos países centrais, a desregulamentação financeira rompeu os diques de segurança erigidos depois da crise dos anos 1930. Como já dito, as restrições à finança procuravam impedir que os bancos comerciais se envolvessem no financiamento de posições "especulativas" nos mercados de riqueza (ações e imóveis), com consequências indesejáveis para a solidez dos sistemas bancários.

Em posição de liderança, as grandes instituições financeiras norte-americanas originaram e distribuíram as inovações financeiras que levaram à crise. De fato, a subordinação da dinâmica das economias capitalistas aos caprichos dos mercados da riqueza no ciclo recente de valorização de ativos e de expansão do crédito foi impelida por um intenso e criativo desenvolvimento das inovações financeiras. O uso de derivativos e a intensa informatização dos mercados financeiros associaram-se aos métodos de "originar e distribuir" para ampliar de forma desmesurada o volume de transações. A conjugação entre taxas de juros baixas – asseguradas pelo movimento de capitais para os Estados Unidos – e práticas frouxas de supervisão e regulação estimularam o acirramento da concorrência entre as instituições financeiras na busca desaçaimada por maiores rendimentos. Para tanto, era fundamental ampliar os volumes de crédito a serem "securitizados" e elevar os coeficientes de alavancagem das instituições que carregavam esses ativos. Essas características, combinadas com a expansão das relações de débito-crédito entre as próprias instituições financeiras, explicam o enorme potencial de realimentação dos processos altistas (formação de bolhas), assim como a sucessão de crises financeiras que assolaram a economia global desde os anos 1980.

Os cuidados típicos da era keynesiana, a da "repressão financeira", estavam voltados, sobretudo, para mitigar a instabilidade dos mercados de negociação dos títulos representativos de direitos sobre a riqueza e a renda. Isso significa que as políticas monetárias e de crédito se ocupavam de atenuar os efeitos da valorização fictícia da riqueza sobre as decisões de gasto corrente e de investimento da classe capitalista. Tratava-se de evitar ciclos de valorização excessiva e desvalorizações catastróficas *dos estoques da riqueza já existente*. Ironicamente, as políticas anticíclicas da era keynesiana cumpriram o que prometiam ao sustar a recorrência de crises de "desvalorização de ativos", mas, ao garantir o valor dos estoques da riqueza já existente, ampliaram o seu peso na composição da riqueza total e ampliaram os poderes de "coordenação" dos bancos e demais instituições financeiras.

Tabela 1 – Ativos do sistema financeiro nos EUA – 1970-2007 (em %, por tipo de instituição)

	1970	1990	2000	2005	2007
Bancos comerciais	33,7	24,1	17,8	18,3	18,0
Fundos de pensão	12,0	17,0	18,6	15,7	15,1
Fundos de investimento	3,4	8,3	17,6	16,3	18,0
Seguradoras	16,4	13,6	11,0	11,0	10,2
Agências federais	3,4	10,8	12,3	12,4	12,3
ABS	0,0	1,9	4,1	6,6	7,3
Selecionados	68,9	75,8	81,4	80,3	80,9
Ativos totais (US$ bilhões)	1.534	13.862	36.333	51.007	62.110

Fonte: FED-Flow of Funds Accounts of the United States.

Entre os anos 1980 e 1990, os Estados Unidos não só pressionaram os parceiros a promover a liberalização das contas de capital como também executaram políticas que favoreceram a valorização do dólar, o que reforçou o movimento de migração da grande empresa para espaços econômicos mais favoráveis à "competitividade". A partir daí o mundo presencia um movimento de profunda transformação na divisão internacional do trabalho. A Ásia se torna produtora e processadora de manufaturas baratas – peças, componentes e bens finais de consumo e de capital. Conforma-se em torno da China emergente uma "mancha manufatureira", grande importadora de matérias-primas. Com a nova divisão internacional do trabalho, a economia nacional norte-americana amplia o seu grau de abertura comercial, passa a gerar um déficit comercial crescente para acomodar a expansão "mercantilista" dos países asiáticos e avança na transformação do seu mercado financeiro e de capitais.

Há quase três décadas a China executa políticas nacionais de industrialização ajustadas ao movimento de expansão da economia "global". As lideranças chinesas perceberam que a constituição da "nova" economia mundial passava pelo movimento da grande empresa transnacional em busca de vantagens competitivas, com implicações para a mudança de rota dos fluxos do comércio. Os chineses ajustaram sua estratégia nacional de industrialização acelerada às novas realidades da concorrência global.

A experiência chinesa combina o máximo de competição – a utilização do mercado como instrumento de desenvolvimento – e o máximo de controle. Entenderam perfeitamente que as políticas liberais recomendadas pelo Consenso de Washington não deveriam ser "copiadas" pelos países emergentes. Também compreenderam que a "proposta" norte-americana para a economia global incluía oportunidades para o seu projeto nacional de desenvolvimento. Assim, controlaram as instituições centrais da economia competitiva moderna: o sistema de crédito e a política de comércio exterior, aí incluída a administração da taxa de câmbio. Os bancos públicos foram utilizados para dirigir e facilitar o investimento produtivo e em infraestrutura.

A rápida industrialização da China e dos países do Sudeste Asiático deslocou uma fração importante da demanda global para os produtores de matérias-primas e alimentos. Como é de conhecimento geral, a China ainda sustenta um saldo positivo muito elevado com os Estados Unidos. Mas seu déficit é crescente com o resto da Ásia e com os demais parceiros comerciais. O bloco industrializado da Ásia, articulado em torno da China, funcionou e ainda funciona como uma engrenagem de transmissão entre a demanda gerada nos países centrais e a oferta das economias "exportadoras de recursos naturais".

O leitor bem informado sabe que o chamado "modelo asiático" tem uma relação simbiótica com as transformações financeiras e organizacionais que deram origem às novas formas de concorrência entre as empresas dominantes da tríade desenvolvida, Estados Unidos, Europa e Japão.

As andanças da nova concorrência responderam, sim, às políticas liberalizantes dos anos 1980. E, em sua resposta, o movimento da grande empresa realizou o projeto de reconfiguração do ambiente internacional. A metástase do sistema empresarial da tríade desenvolvida – particularmente dos Estados Unidos e do Japão – determinaram uma impressionante mutação nos fluxos de comércio. Não se trata apenas de reafirmar a importância crescente do comércio intrafirmas, mas de destacar o papel decisivo do *global sourcing*, fenômeno que está presente, sobretudo, nas estratégias de deslocalização e de investimento que, desde a década de 1990, beneficiaram as economias asiáticas, a China em particular.

A nova concorrência engendrou simultaneamente: 1) a centralização do controle, mediante as ondas de fusões e aquisições observadas desde os anos 1980; 2) a nova distribuição espacial da produção, ou seja, a internacionalização das cadeias de geração de valor. Centralização do controle e descentralização da produção: esse movimento de dupla face afetou a natureza e a direção do investimento direto em nova capacidade, reconfigurou a divisão do trabalho entre produtores de peças e componentes e os "montadores" de bens finais e, como já foi dito, alterou as participações dos países nos fluxos de comércio. O propósito da competição entre os grandes blocos de capital é o de assegurar simultaneamente a diversificação espacial adequada da base produtiva da grande empresa e o "livre" acesso a mercados.

Mas as vantagens da China e de seus parceiros asiáticos não estão asseguradas. Não há repouso no capitalismo. Depois da crise de 2008 e de suas consequências, os países que perderam posição na disputa competitiva da manufatura – sobretudo os Estados Unidos – acenam com uma nova rodada de inovações, aquelas que seriam classificadas de "poupadoras de mão de obra" pelos sábios que ainda utilizam funções de produção.

O economista-chefe da General Eletric, Marco Annunziata, e Keneth Rogoff preconizam a iminência de um intenso movimento de automação baseado na utilização de redes de "máquinas inteligentes". Nanotecnologia, neurociência, biotecnologia, novas formas de energia e novos materiais formam o bloco de inovações com enorme potencial de revolucionar outra vez as bases técnicas do capitalismo.

Como Marx preconizou nos *Grundrisse*:

> O desenvolvimento do capital fixo revela até que ponto o conhecimento, o *knowledge* social geral se converteu em uma força produtiva imediata e, portanto, até que ponto as condições da própria vida social foram submetidas ao controle do *general intellect* e remodeladas segundo seus ditames. (Marx, 1971b, p.230, v.II)

Os métodos que nascem dessa base técnica não podem senão confirmar sua razão interna: são métodos de produção destinados a aumentar a produtividade social do trabalho em escala crescente. Sua aplicação *continuada* torna o trabalho imediato cada vez mais redundante. A *autonomização* da estrutura técnica significa que a aplicação da ciência torna-se o critério dominante no desenvolvimento da produção e na conformação da vida social.

O jogo da grande empresa é jogado no tabuleiro em que a mobilidade do capital impõe conjuntamente a liberalização do comércio, o controle da difusão do progresso técnico (leis de patentes etc.) e o enfraquecimento da capacidade de negociação dos trabalhadores. Assim, as "novas" formas de concorrência escondem, sob o diáfano véu da liberdade, o aumento brutal da centralização do capital, a concentração do poder sobre os mercados, a enorme capacidade de ocupar e abandonar territórios e de alterar as condições de vida das populações.

A profundidade, liquidez dos mercados e capacidade de inovação das grandes instituições financeiras norte-americanas foram fundamentais para configurar uma dinâmica macroeconômica que envolve quatro movimentos correlacionados: 1) *a variável independente do modelo* é o maciço influxo de capitais para os Estados Unidos; 2) daí, a inflação de ativos na economia norte-americana, fonte do crédito ao consumo e hipotecário, contaminando as demais economias centrais; 3) isso provocou a ampliação dos déficits em conta-corrente dos Estados Unidos e como contrapartida a acumulação de reservas, sobretudo, nos países asiáticos; 4) a queda de preços dos manufaturados produzidos nos emergentes asiáticos teve grande impacto na "moderação" das taxas de inflação.

Gráfico 1 – Conta-corrente e conta de capital (% do PIB dos EUA)

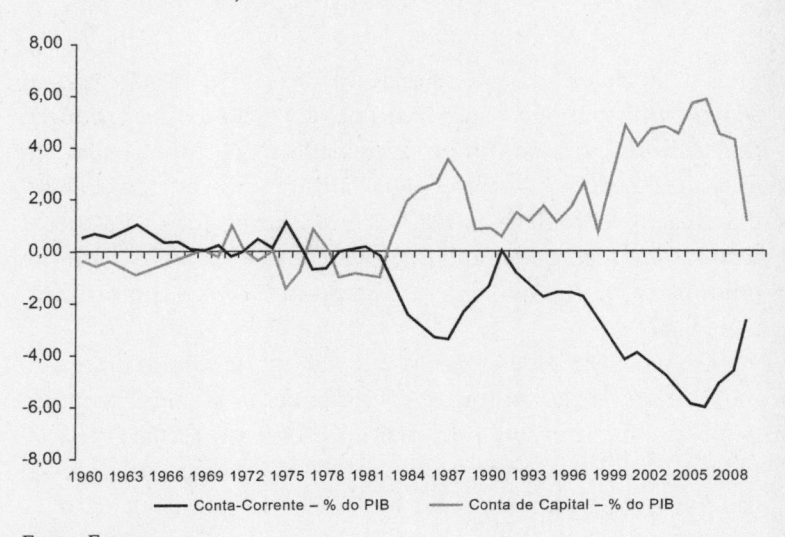

Fonte: Facamp.

Gráfico 2 – Investimento direto no exterior (% do PIB dos EUA)

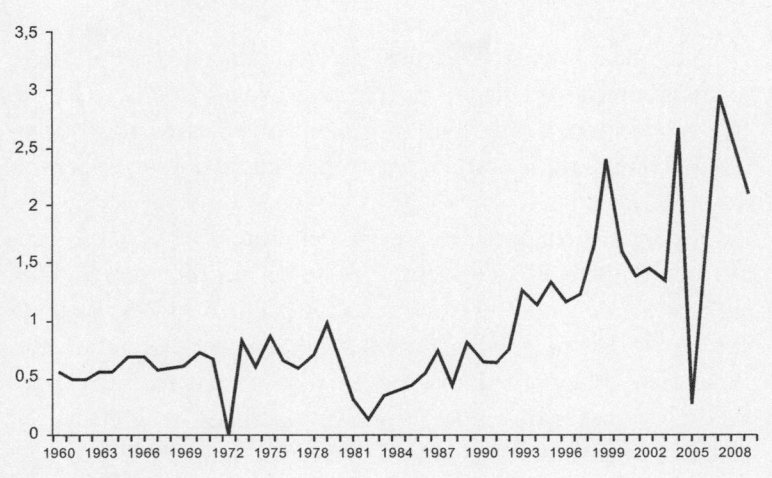

Fonte: Facamp.

Não custa repetir: a combinação entre baixos custos salariais, câmbio desvalorizado e afluxo abundante de investimento direto estrangeiro impulsionou a competividade dos produtores localizados no *cluster* manufatureiro asiático. As relações de troca no comércio mundial deixam de inclinar-se a favor das manufaturas e contra os produtos primários.

As teorias sobre ajustamentos (e desajustamentos) do balanço de pagamentos (monetaristas, keynesianas e novo-clássicas) não se coadunam com a nova organização da economia internacional, assim como estão sob avaliação negativa as hipóteses convencionais sobre a movimentação de capitais. Diante das assimetrias estruturais da economia global, a almejada correção de desequilíbrios mediante o "realinhamento" entre as moedas é problemático e recoloca, de forma dramática a questão do dinheiro mundial.[1]

---

1 Em seus escritos preparatórios da reunião de Bretton Woods, Keynes havia previsto que a coordenação de políticas nacionais dificilmente caminharia

Abertura financeira, ciclos de crédito e inflação de ativos

A associação entre liberalização das contas de capital e desregulamentação financeira provocou a excitação dos ciclos de crédito, a formação de bolhas nos mercados de ativos e a sucessão de crises bancárias, cambiais e de endividamento soberano na periferia.

A política econômica de Reagan, em seu movimento inicial, provocou, entre 1981 e 1982, uma forte recessão patrocinada pelas taxas de juros reais elevadas. A partir de 1983, a queda dos juros reais juntou-se ao déficit fiscal e ao dólar valorizado para cavar o saldo negativo no balanço de pagamentos, para gaudio da turma do *export led growth*, alemães, japoneses, coreanos e outros asiáticos. Sob o pretexto de reduzir o papel do Estado na economia, as políticas "neoliberais" impulsionaram

na direção de um sistema de pagamentos internacional capaz de reduzir as instabilidades do capitalismo global. Atribulado pela memória das desordens monetárias e cambiais dos anos 1920 e 1930, Keynes, delegado da Inglaterra em Bretton Woods, propôs a Clearing Union, uma espécie de Banco Central dos bancos centrais. A *Clearing Union* emitiria uma moeda bancária, o *bancor*, destinada exclusivamente a liquidar posições entre os bancos centrais. Os negócios privados seriam realizados nas moedas nacionais que, por sua vez, estariam referidas ao *bancor* mediante um sistema de taxas de câmbio fixas, mas ajustáveis. Os déficits e superávits dos países corresponderiam a reduções ou aumentos das contas dos bancos centrais nacionais (em *bancor*) junto à Clearing Union.

O plano apresentado por Keynes buscava uma distribuição mais equitativa do ajustamento dos desequilíbrios de balanço de pagamento entre deficitários e superavitários. Isso significava, na verdade – dentro das condicionalidades estabelecidas –, facilitar o crédito aos países deficitários e penalizar os países superavitários. O propósito de Keynes era evitar os ajustamentos deflacionários e manter as economias na trajetória do pleno emprego. Ele imaginava, ademais, que o controle de capitais deveria ser "uma característica permanente da nova ordem econômica mundial". Mas a utopia da "moeda supranacional" foi derrotada pelo arranjo internacional proposto pelo Estado norte-americano, então superavitário e detentor de mais de 60% das reservas-ouro. Tratava-se, como é óbvio, de preservar o privilégio da *seignoriage*.

os déficits e as dívidas. Nos Estados Unidos entrou em voga a "economia da oferta" e sua filha dileta, a curva de Laffer, que preconizavam a redução de impostos para os ricos "poupadores" e empresas. Assim falavam os adeptos da *supply side economics*: os sistemas de tributação progressiva da renda desataram o desincentivo à produção e à poupança geradora de novo investimento. A macroeconomia de Reagan defendia a tese do "gotejamento" (*trickle down*): as camadas trabalhadoras e os governos receberiam os benefícios da riqueza acumulada livremente pelos abonados empreendedores sob a forma de salários reais crescentes e aumento das receitas fiscais.

Gráfico 3 – Déficit público dos EUA (1930-2012)

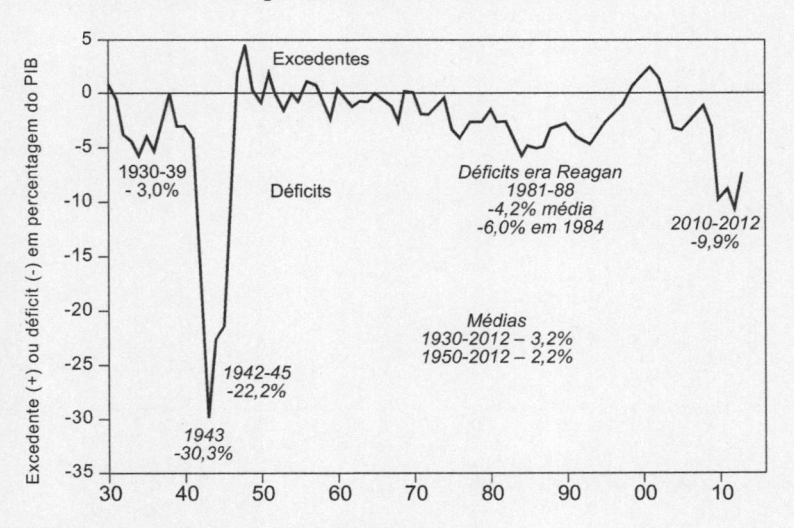

Fonte: Economic Report of Presidente, 2011.

À exceção dos anos 1990, o período em que se desenvolveu a "bolha da internet", a hipótese do *trickle down* não entregou o prometido. A migração da grande empresa para as regiões de baixos salários, a desregulamentação financeira e a prodigalidade de isenções e favores fiscais para as empresas e para as camadas endinheiradas não promoveram a esperada elevação da taxa de investimento no território norte-americano e, ao mesmo tempo, produziram a estagnação dos rendimentos da classe média para baixo, a persistência dos déficits orçamentários e o crescimento do endividamento público e privado. A procissão de desenganos foi acompanhada da ampliação dos déficits em conta-corrente e da transição dos Estados Unidos de país credor para devedor.

Gráfico 4 – Ganhos desiguais – Rendimento médio dos executivos × rendimento médio dos assalariados nos EUA (1970-2006)

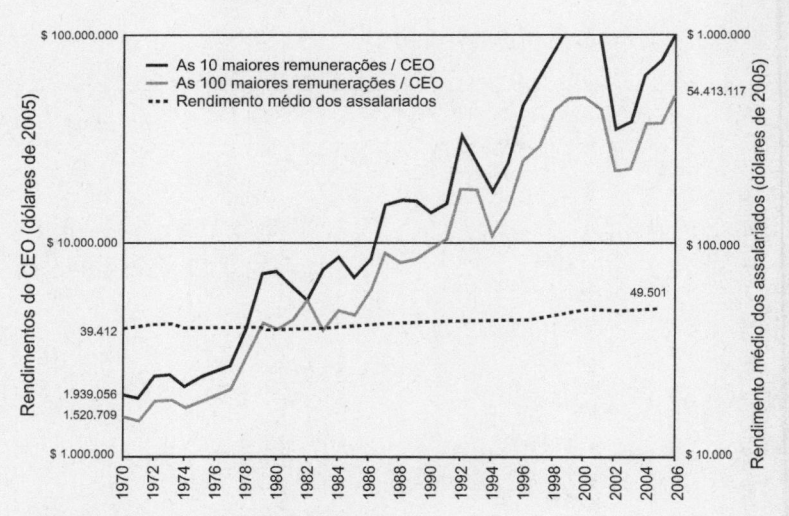

Fonte: Emmanuel Saez, UC-Berkeley.

No entanto, os desenganos propiciaram a expansão da dívida pública norte-americana, fenômeno crucial para manter à tona os grandes bancos na eclosão da crise da dívida externa do início dos anos 1980. Carregados de ativos podres latino-americanos e de outros países da periferia, os bancos substituíram em suas carteiras as dívidas dos periféricos por títulos do governo mais poderoso do mundo. A emissão de nova dívida pelo governo norte-americano foi importante para impulsionar o desenvolvimento dos mercados de capitais, ou seja, da securitização e dos derivativos. Os títulos norte-americanos, por sua liquidez e segurança, estimularam a expansão das operações de crédito "securitizadas".

A partir dos anos 1980 foi rápida a perda de participação dos empréstimos fornecidos às empresas e às famílias pelos bancos de depósito. Essas instituições carregavam os empréstimos em suas carteiras até o vencimento. Cresceu a importância das instituições dedicadas a emitir, negociar e avaliar a qualidade dos títulos públicos e privados. Esse é o momento de crescimento dos grandes investidores institucionais, fundos de investimento, fundos de *hedge*. Não por acaso, o avanço da securitização coincide com o "inchaço" dos fundos de pensão privados e a pressão em todos os países para a redução do papel dos sistemas previdenciários baseados no sistema de repartição simples e sua substituição pelo "modelo" de capitalização.

As políticas monetárias e fiscais anticíclicas que estavam associadas à "repressão financeira" do capitalismo domesticado das décadas de 1950 e 1960 continuaram a ser executadas na etapa de desregulamentação e, assim, prosseguiam no afã de sustar a recorrência de crises de deflação de ativos e de "desvalorização do capital". Constitui-se uma nova agenda de convenções antitética àquela que imperou entre o final do século XIX e a Grande Depressão. Criou-se, na verdade, uma situação de *"moral hazard"* permanente: seja qual for intensidade do porre de otimismo, os bancos centrais vão interferir para curar a ressaca. Os mercados cultivaram a percepção de que as perdas seriam limitadas.

As ações de estabilização dos bancos centrais e dos tesouros contruíram as bases para o avanço do processo de "securitização" e de desregulamentação dos mercados. Como foi dito anteriormente, os títulos da divida pública norte-americana, sem risco e com pronta liquidez, permitiram a formação de pirâmides de ativos securitizados e hierarquizados pelas agências de *rating* conforme a relação risco/liquidez. A sustentação do valor da riqueza financeira estimulou a utilização das técnicas de alavancagem com o propósito de elevar os rendimentos das carteiras, favorecendo a concentração da massa de ativos mobiliários em um número reduzido de instituições financeiras *grandes demais para falir*. Os administradores dessas instituições ganharam poder na definição de estratégias de utilização das "poupanças" das famílias e dos lucros acumulados pelas empresas, assim como no direcionamento do crédito. Na esfera internacional, a abertura das contas de capital suscitou a disseminação dos regimes de taxas de câmbio flutuantes que ampliaram o papel de "ativos financeiros" das moedas nacionais, não raro em detrimento de sua dimensão de preço relativo entre importações e exportações. As flutuações das moedas ensejaram oportunidades de arbitragem e especulação ao capital financeiro internacionalizado e tornaram as políticas monetárias e fiscais domésticas reféns da volatilidade das taxas de juros e das taxas de câmbio.

Gráfico 5 – Sistema financeiro x sistema bancário

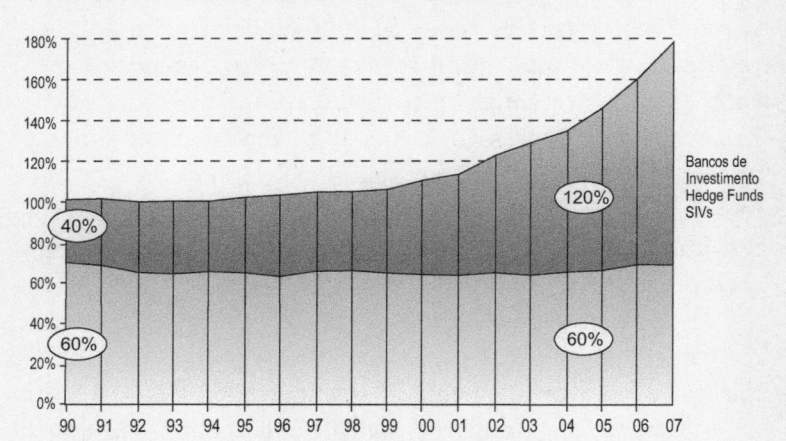

Fonte: Apex / Brender & Pisari, Fed, FMI, Hedge Fund Research.

Na esteira da liberalização das contas de capital e da desregulamentação, as grandes instituições construíram uma teia de relações "internacionalizadas" de débito-crédito entre bancos de depósito, bancos de investimento e investidores institucionais. O avanço dessas inter-relações foi respaldado pela expansão do mercado interbancário global e pelo aperfeiçoamento dos sistemas de pagamentos. Os bancos de investimento e os demais *bancos sombra* aproximaram-se das funções monetárias dos bancos comerciais, abastecendo seus passivos nos "mercados atacadistas de dinheiro" (*wholesale money markets*), amparados nas aplicações de curto prazo de empresas e famílias. Não por acaso, nos anos 2000, a dívida intrafinanceira como proporção do PIB norte-americano cresceu mais rapidamente que o endividamento das famílias e das empresas. A "endogeinização" da criação monetária mediante a expansão do crédito chegou à perfeição em suas relações com o crescimento do estoque de quase-moedas abrigado nos *money markets funds*. Esses fenômenos correspondem ao que Marx designou "controle privado da riqueza social", fenômeno que se realiza no movimento de expansão do sistema capitalista.

Eliminada a separação de funções entre os bancos comerciais, de investimento, seguradoras e associações encarregadas dos empréstimos hipotecários, os grandes conglomerados financeiros buscaram escapar das regras prudenciais, promovendo o processo de *originar e distribuir*, impulsionando a securitização dos créditos e a alavancagem das posições financiada pelos mercados monetários. Foi esse sistema financeiro norte-americanizado que promoveu a ampliação do crédito ao consumo e a consequente "liberação" desse componente do gasto das restrições impostas às famílias pela evolução da renda corrente. Esse fenômeno aproximou a dinâmica do consumo da forma de financiamento do gasto que sustenta a expansão do investimento, adicionando combustível à instabilidade financeira.

A crise deflagrada em 2008 demonstra de forma cabal como as transformações ocorridas nos últimos trinta anos no tamanho das instituições e nos instrumentos de mobilização do crédito ampliaram a participação do consumo na formação da demanda efetiva e, ao mesmo tempo, acentuaram a instabilidade das economias capitalistas. A aventura do crédito desregrado não é desconhecida dos que se dedicam ao estudo da matéria, mas foi reproduzida com esmero no ciclo recente.

As transformações na órbita financeira e a concentração das políticas monetárias nos modelos de metas de inflação desataram um forte movimento especulativo, primeiro com as empresas de tecnologia e depois com os imóveis residenciais. A aventura do crédito hipotecário generalizou para a massa de consumidores o "efeito-riqueza". Esse novo momento da "inflação de ativos" estava assentado em três fatores determinantes: 1) a degradação dos critérios de avaliação do risco de crédito e o "aperfeiçoamento" dos métodos de captura dos devedores primários, as famílias de renda média e baixa, cuja capacidade de pagamento estava debilitada pela estagnação dos rendimentos nos últimos trinta anos; 2) o alargamento do espaço da securitização das hipotecas e outros recebíveis, mediante a criação e multiplicação de ativos lastreados nas dívidas contraídas pelas famílias; e 3) a possibilidade de "extrair" novos empréstimos apoiados na valorização dos imóveis e destinados à aquisição de bens duráveis, passagens aéreas e até pagamento de impostos.

Na Europa, a introdução da moeda única foi simultânea à "transição norte-americana" que, entre o final dos anos 1990 e a década seguinte, deslocou a bolha das ações das empresas de tecnologia para o mercado imobiliário. As políticas monetárias de digestão dos excessos da bolha anterior prepararam o caminho para a formação de uma nova etapa de operação que Ben Bernanke chamou de "acelerador financeiro".

Gráfico 6 – Lucratividade: empresas financeiras × não financeiras – 1929-2009 (EUA)

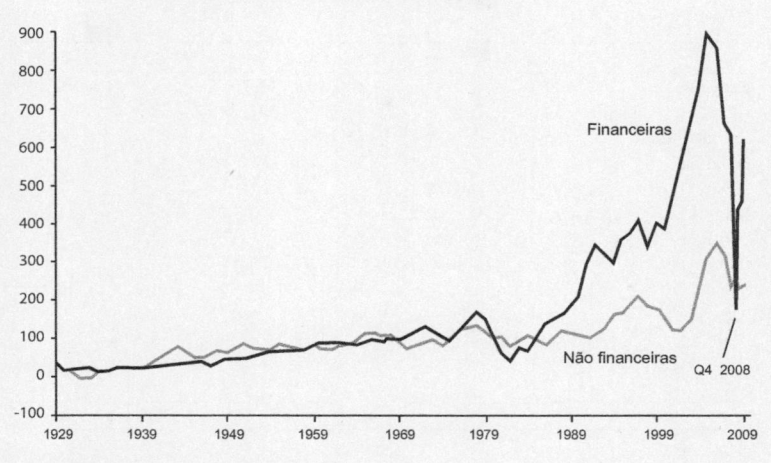

Fonte: Bureau of Economics Analysis.

A sobreliquidez injetada pelas intervenções do Federal Reserve e a redução da *policy rate* norte-americana derramaram seus efeitos sobre o mercado global. Na aurora do euro, a eliminação do risco cambial pela adoção da mesma moeda por gregos e troianos provocou a queda os *spreads* entre os títulos alemães e os custos incorridos na colocação de papéis públicos e privados dos países da chamada periferia. A queda dos juros e a ampliação dos prazos deflagraram uma orgia de endividamento privado na Espanha, Irlanda, Portugal e quejandos. Isso desatou uma intensa competição entre os bancos alemães, franceses, suecos, austríacos, ingleses. A competição entre eles promoveu um caudaloso "movimento de capitais" que fluía do centro para a periferia da Europa.

Tabela 2 – Europa – Dívida bruta privada e pública (% do PIB)

	França		Alemanha		Itália		Espanha	
	Priv.	Pub.	Priv.	Pub.	Priv.	Pub.	Priv.	Pub.
2007	196	65	200	60	214	105	317	40
2009	203	78	207	73	214	115	334	64

Tabela 3 – Exposição dos bancos europeus à dívida pública e privada (dez. 2010 em US$ bilhões)

	Grécia	Portugal	Irlanda	Espanha	Itália	Total
França	53,00	27,00	36,8	141,5	389,1	647,4
Alemanha	34,0	36,4	118,2	181,9	162,3	532,8
Reino Unido	13,1	24,4	152,4	112,1	66,7	368,7
Holanda	4,5	5,3	19,1	77,0	45,4	151,3
Espanha	1,1	86,00	11,1	–	30,7	128,9
Bélgica	1,8	1,6	45,6	20,3	23,7	93,0
Portugal	10,2	–	22,2	25,9	2,9	61,2
Itália	4,2	4,1	14,2	29,9	–	52,4
Suíça	2,7	3,1	14,7	14,6	14,2	49,3
Áustria	3,1	1,6	3,0	6,8	22,2	36,7
Irlanda	0,7	2,5	–	13,9	13,3	30,4
Dinamarca	0,1	0,3	16,8	2,0	0,4	19,6
Suécia	0,1	0,4	4,8	3,7	1,3	10,3
Total	128,6	192,7	458,9	629,6	772,2	2.182,0

Fonte: *Financial Times*/BIS.

A Espanha pode ser tomada como caso paradigmático: viveu a euforia da bolha imobiliária, as delícias do consumo das famílias "enriquecidas" com a valorização das casas. Antes do euro era impossível na Espanha a obtenção de empréstimos de vinte anos com taxa fixa. Depois da introdução da moeda única, os espanhóis foram agraciados com uma oferta de crédito em rápida expansão e a taxas e prazos convidativos. Essas condições impulsionaram o mercado imobiliário, e sopraram a bolha que gerou a euforia da "Década Dourada". Os fundamentos fiscais eram excelentes: os superávits fiscais e a baixa relação dívida/PIB da Espanha deixaram os alemães de queixo caído e de bolso cheio. As importações da Ibéria – assim como de outros periféricos – impulsionavam os superávits comerciais da Alemanha e produziam alentados déficits na conta-corrente dos espanhóis e quejandos.

A crise europeia é uma aula sobre a privatização dos ganhos e socialização das perdas. Diante do colapso dos preços dos ativos, os bancos centrais foram compelidos a tomar medidas de provimento de liquidez e de capitalização dos bancos encalacrados em créditos irrecuperáveis. Para curar a ressaca da bebe-deira imobiliária, os governos engoliram o estoque de dívida privada e expeliram uma montanha de títulos públicos.

Quadro 2 – Mecanismo global de transformação da dívida privada em dívida pública (socialização das perdas)

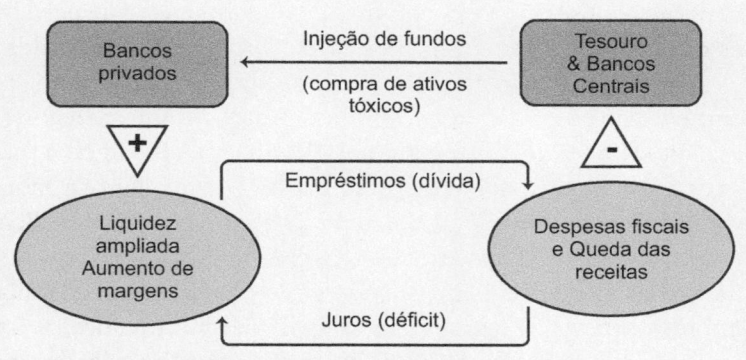

Fonte: Apex / FMI, *Perspectivas da economia mundial* (jun. 2011).

Gráfico 7 – Transferência da dívida privada para o Estado: a explosão é um bom negócio para os bancos – Dívida pública total (em US$ bilhões e € bilhões)

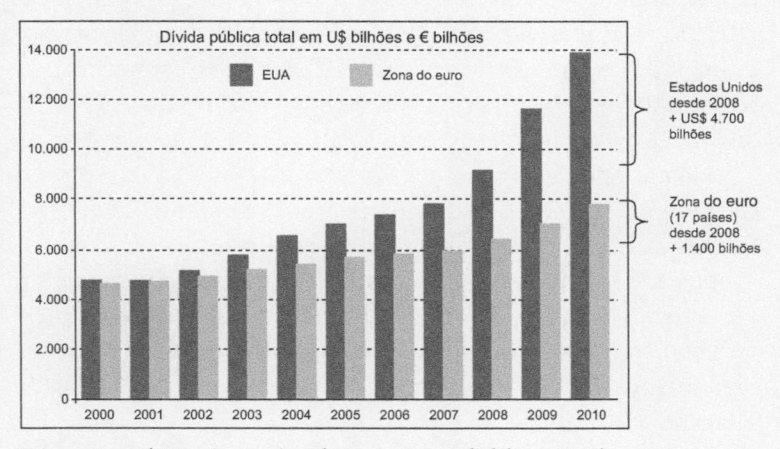

Fonte: Apex / FMI, *Perspectivas da economia mundial* (jun. 2011).

Entre incentivos e desatinos

Fecundada nas entranhas da desregulamentação e legitimada pelas patranhas acadêmicas dos mercados eficientes, a organização da finança contemporânea gerou uma bateria de incentivos perversos. No rol de suas proezas estão a alavancagem abusiva, a obsessão pelo volume, a concorrência sem peias e as remunerações generosas para os executivos e assemelhados.

No primeiro trimestre de 2007, o estoque total de endividamento do setor não financeiro nos Estados Unidos chegou a mais de US$ 35 trilhões (para um PIB de US$ 15 trilhões), ou seja, mais do que o dobro do PIB. Essa cifra inclui além do endividamento privado – sobretudo das famílias – o débito público total e o passivo financeiro das agências públicas encarregadas de bancar o financiamento da aquisição da casa própria. Mais impressionante foi o crescimento da dívida intrafinanceira: às vésperas da crise, o endividamento entre as instituições financeiras chegou a 120% do PIB.

A dívida total cresceu seis vezes mais que o PIB, com uma participação crescente dos governos federal, estadual e municipal. As grandes corporações trataram de reduzir seu ritmo de endividamento buscando a rápida "desalavancagem" para estabilizar a relação dívida/patrimônio líquido. As famílias, no entanto, não se atemorizaram, assumindo novos compromissos ou rolando os antigos a uma velocidade ainda elevada. Assim, a dívida das famílias saltou para 130% da renda disponível.

No período de euforia que antecedeu à crise, bancos comerciais, de investimento, administradores dos fundos de pensão, fundos mútuos, *private equity funds*, para não falar dos sofisticados fundos de *hedge*, sucumbiram às forças impessoais do mimetismo competitivo, referidas na linguagem vulgar do mercadismo como "comportamento de manada". Todos consolidaram a convicção de que estavam blindados contra os riscos de mercado, de liquidez e de pagamentos. O clima de confiança, como de hábito, disseminou o risco sistêmico que os operado-

Gráfico 8 – O endividamento substitui o crescimento da renda

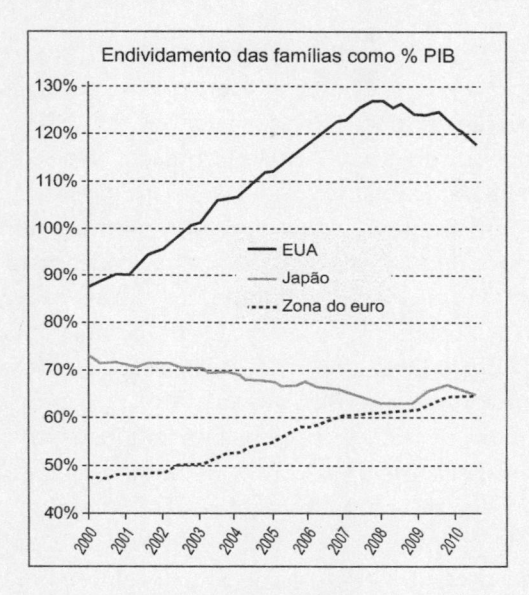

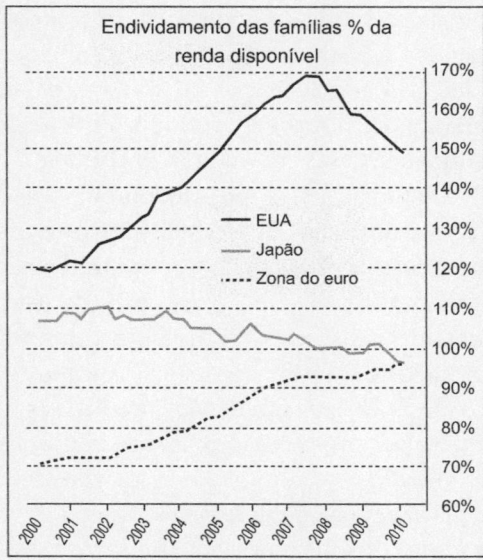

Fonte: Apex / Banque de France, BCE.

res das grandes instituições financeiras imaginavam ter afastado com a utilização de derivativos.

Os bancos trataram de "empacotar" os créditos, os bons, os ruins, os péssimos e remover a "mercadoria" dos balanços, mediante a criação de Special Investiment Vehicles (SIVs), criaturas dos bancos incumbidas de distribuir o risco. Não só cumprem a função de liberar capital próprio das instituições para a garantia de novos empréstimos, como serviram para manter asseadas as carteiras "originárias". Tais artimanhas contornam as regras da Basileia que impõem o custo dos requerimentos de capital próprio para a cobertura de riscos. Os SIVs emitiram *commercial papers* para financiar posições em ativos securitizados – os *assets backed commercial papers*. Instrumentos de curto prazo emitidos para "carregar" posições em papéis mais longos, os *commercial papers* são especialmente sensíveis às mudanças nas condições de liquidez dos mercados financeiros. Sendo assim, os bancos estavam obrigados, nos momentos de estresse, a prover liquidez para manter suas criaturas à tona. O colapso de preços dos créditos *subprime* detonou os mercados de *commercial papers* e deixou os bancos em má situação. Assim funcionam os mercados da riqueza: a má avaliação do risco torna-se endêmica, sobretudo quando são longos os períodos em que predominam a baixa volatilidade e a inflação bem comportada.

Durante a chamada Grande Moderação dos anos 2000, a redução da volatilidade nos preços dos ativos e das moedas, a expansão da liquidez e as taxas de juro muito baixas ensejaram a exasperação da "alavancagem". As técnicas de securitização de créditos bancários, o uso de derivativos e a intensa informatização dos mercados permitiram ampliar o volume de transações. Nos últimos anos foram rápidas e intensas as transformações nas práticas de intermediação, nos métodos e modelos de "precificação" de ativos e dos riscos associados, bem como na hierarquia e no papel das instituições. Com já foi dito, tais inovações permitiram maior fluidez nas transações, estimularam a securitização gananciosa e a "alavancagem" imprudente.

Os bancos centrais e demais autoridades reguladoras foram capturados pela rede de interesses que comanda o crédito e a valorização de ativos nos mercados da riqueza. Os alegados avanços nas técnicas de gestão do risco e do maior rigor imposto pelas regras da Basileia esconderam a incessante violação de todas as normas e a velha e fatal combinação entre euforia, má avaliação dos créditos e concentração das posições em ativos da mesma natureza.

Paul Samuelson observou que os mercados financeiros competitivos são eficientes do ponto de vista microeconômico, porquanto as divergências de preços entre ativos da mesma classe podem ser eliminadas pela arbitragem. São, no entanto, "ineficientes" do ponto de vista macroeconômico, porque as bolhas de crédito afetam "todos" os ativos e não há possibilidade de arbitragem. Imagino interpretar corretamente o velho Samuelson: os "fundamentos" microeconômicos entram em contradição com as idiossincrasias do comportamento coletivo dos investidores.

Os movimentos extremos de preços – aqueles que nos modelos estocásticos gaussianos estariam na cauda da distribuição de probabilidades – não podem ser considerados versões ampliadas das pequenas flutuações. Os episódios de euforia deformam a própria distribuição de probabilidades. São os chamados "eventos de cauda".

Keynes, em *Treatise on Money*, considerava que o funcionamento estável dos mercados que avaliam os estoques de títulos de riqueza dependia da divisão de opiniões entre "altistas" e "baixistas". Isso significa que, quando a opinião dos mercados está equilibradamente dividida entre os que apostam na elevação dos preços dos títulos e os que acreditam na sua queda, os mercados funcionam suavemente e não ocorrem alterações capazes de perturbar a trajetória da economia. Se, ao contrário, as opiniões se concentram numa só direção, os mercados financeiros ingressam num processo cumulativo de elevação ou queda generalizada dos preços dos ativos. Na fase eufórica do ciclo de crédito, as opiniões se concentram na ala "otimista", os *bulls* comandam a manada. Uma vez deflagrada a "reversão de expectativas", as opiniões do mercado tendem a se concentrar em torno de uma posição "baixista". Os mercados financeiros, organizados ou de balcão, negociam promessas e, portanto, estão sujeitos às oscilações e alterações no estado de expectativas dos investidores e submetidos ao risco de contrações endógenas da liquidez, ou seja, da desventura de negociar um ativo com "perda de capital". Analistas de todos os matizes e tendências invocaram os estudos economistas do norte-americano Hyman Minsky sobre o ciclo financeiro. Considerado um heterodoxo, o keynesiano Minsky formulou hipóteses sobre a formação de preços de ativos nas economias monetárias em que a liquidez é gerada pela dinâmica competitiva. A liquidez não é uma propriedade intrínseca de qualquer ativo particular, mas decorre de decisões privadas, tomadas em condições de incerteza. Tais decisões não conseguem escapar da compulsão de ganhar a dianteira e bater o concorrente e muito menos são capazes de controlar as condições em que a liquidez se tornar restrita. Trata-se, portanto, de um fenômeno sistêmico, no sentido de que é resultado de um ambiente em que as decisões estratégicas dos protagonistas são miméticas e estão precariamente apoiadas em expectativas a respeito das expectativas dos demais.

Em condições de crédito abundante e barato, as expectativas de valorização de ativos provocam, de fato, uma "explosão" de preços cuja continuidade é sustentada pela concentração do crédito na busca dos ativos de maior valorização esperada. A confirmação dos ganhos de capital antecipados reforça a febre especulativa e estimula as famílias, as empresas, os bancos e demais intermediários, com posições próprias, a aumentar o seu grau de "alavancagem" nos mercados de ativos – financeiros, instrumentais e imobiliários –, favorecendo a progressão do surto "inflacionário".

A revista *The Economist* relata uma reunião de gestores de risco realizada em janeiro de 2007. Um deles indagou de onde poderia vir a crise de liquidez. Ninguém arriscou uma previsão pessimista diante de quatro anos de compressão dos *spreads*, taxas de juros camaradas, nenhum *default* relevante e volatilidade historicamente baixa. "O ambiente mais benigno dos últimos vinte anos", concluíram os participantes.

Os agentes foram surpreendidos por uma queda não antecipada dos preços das residências e dos ativos financeiros criados pelas operações de originar e distribuir. Nesse momento a perspectiva de perdas obriga a corrida para a liquidação das posições alavancadas para a cobertura de margens, ampliando desmesuradamente a contração da liquidez dos mercados e desatando o colapso dos preços. O trauma nesses mercados tem enorme potencial de contaminação, provocando, em geral, fugas para ativos considerados de melhor reputação e qualidade, como é o caso dos títulos do Tesouro norte-americano, cujos rendimentos caíram a níveis extraordinariamente baixos.

Os bancos envolvidos no financiamento de posições nos mercados de *"securities"* são obrigados a contrair o crédito. Esse movimento defensivo agrava a crise de liquidez, atingindo o conjunto da economia, inclusive as empresas e os setores que apresentam balanços saudáveis. Desencadeia-se a crise de pagamentos. A rede de pagamentos formada pelo sistema bancário é crucial para o funcionamento adequado dos mercados financeiros. Ela se constitui na infraestrutura que facilita o *"clearing"* e a liquidação de operações entre os protagonistas da economia monetária. Dificuldades nessas instituições, que estão na base do sistema de provimento de liquidez e de pagamentos, se transformam inevitavelmente em dificuldades para o conjunto da economia.

Na ausência de socorro tempestivo oferecido por um emprestador de última instância, a propagação do pânico leva inexoravelmente à contração do crédito, à ruptura do sistema de pagamentos e à corrida bancária.

O desfecho das manobras dos bancos centrais está condicionado às alterações no "estado de expectativas" dos possuidores de riqueza. A experiência da crise de 2007 mostra que as injeções de liquidez destinadas a impedir o colapso dos preços e a paralisia dos mercados interbancários conteve a derrocada dos preços, mas não conseguiu reanimar a economia. Se o grau de desconfiança e de pessimismo for elevado, os possuidores de riqueza reagirão negativamente, resguardando sua riqueza sob a forma líquida.

Os bancos, financiadores "finais" de posições nestes ativos depreciados, terão de digerir as perdas e, para tanto, vão tentar recompor seus níveis de capitalização e de liquidez, restringindo a oferta de crédito para outros agentes, inclusive aqueles mais bem situados no *ranking* de avaliação de riscos. O Federal Reserve atropelou as regras e prestou socorro aos bancos de investimento. Decidiu abrir as comportas da liquidez para manter vivas as bizarras criaturas da ganância infecciosa. Os mercados aplaudem e proclamam que as autoridades monetárias, representando o interesse coletivo, não podem deixar que prosperassem e se aprofundassem o contágio, a deflação de ativos e a contração do crédito. É necessário que os bancos centrais estejam dispostos, nessas circunstâncias, a prover socorro para os mercados em crise.

Eis o paradoxo crucial da finança contemporânea: a "centralização privada" da moeda e do crédito nas instituições "grandes demais para falir" alastra – na esteira da integração global dos mercados financeiros – o processo competitivo de geração e distribuição de ativos com precificação enigmática em moedas distintas, submetidas ao regime de câmbio flutuante. Quando a roda da fortuna gira em falso, com colapso de preços e ampla flutuação das moedas, o remédio é recorrer à centralização estatal para evitar a destruição do crédito e de sua moeda, ou seja, para prevenir a desorganização da infraestrutura do mercado.

Os bancos centrais da cúspide capitalista são os gestores do sistema monetário universal e, portanto, encarregados de "abrir seus balanços" para garantir a sobrevivência do direito à propriedade, ainda que alguns proprietários tenham de ser sacrificados. Os bancos centrais estão condenados a cumprir a missão que lhes foi confiada para impedir o *crash* financeiro, conter os enormes desequilíbrios dos balanços do setor privado causados pela simultaneidade entre a desvalorização desordenada de ativos e a fixidez nominal das dívidas. É preciso remediar os impactos negativos sobre a economia real, aquela do emprego e da renda. A ação dos governos cuida de impedir que a deterioração dos balanços promova o colapso do gasto das empresas e das famílias.

Essas são as verdadeiras regras do jogo: quando a crise se torna aguda e generalizada, não há limites para salvar o capitalismo de si mesmo. Trata-se de colocar a sobrevivência das relações de propriedade e de apropriação do valor criado pelo esforço dos trabalhadores acima das convenções usuais "de mercado" que, em tempos "normais", supostamente regulam a avaliação da riqueza mobiliária privada.

Gráfico 9 – Participação dos salários no PIB – EUA e União Europeia (1975-2008)

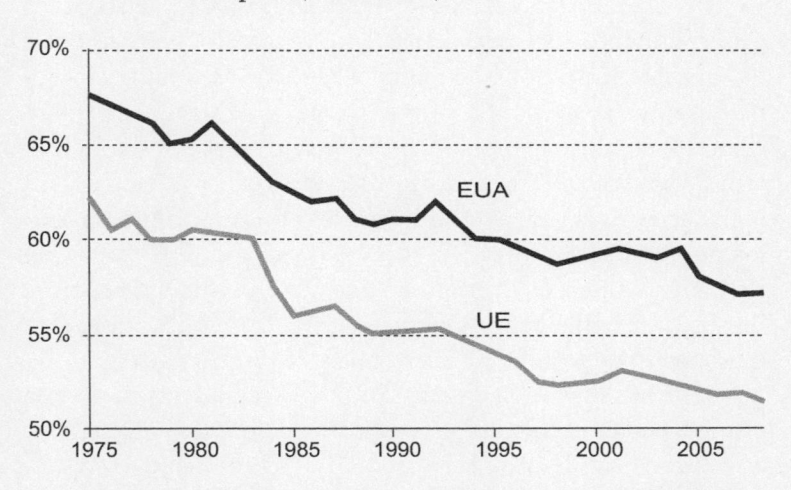

Fonte: Apex / Dew-Beker & Gordon, Base de données Ameco (Com. Européenne).

Gráfico 10 – Lucros × investimento – EUA e União Europèia (1975-2008)

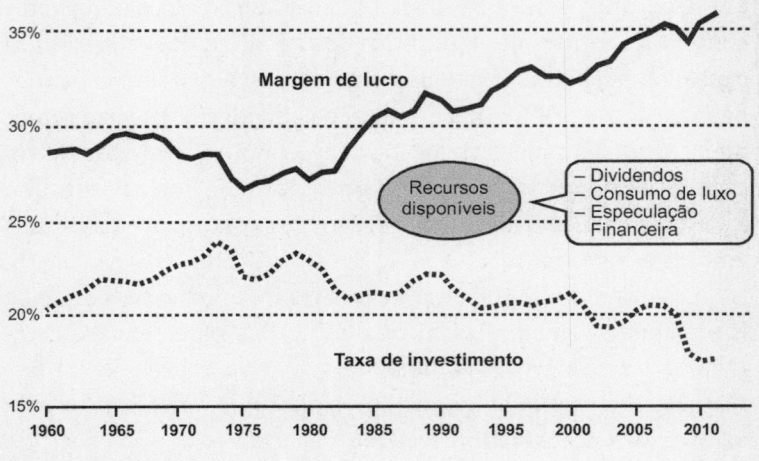

Fonte: Apex / Ameco.

Até ontem danificados em sua credibilidade por suas próprias façanhas, os "mercados" foram revigorados por formidáveis injeções de dinheiro, uma espetacular "inflação" de passivos monetários do Banco Central. A grana foi distribuída generosamente sob uma forma "atípica" de cooperação entre os bancos centrais, outrora independentes e os tesouros nacionais, dantes austeros. Os primeiros abrigaram em seus balanços a escumalha financeira do *subprime* e adjacências, montaram programas de troca de papéis podres por passivos de sua emissão, ou seja, dinheiro. Enquanto os tesouros emitiam títulos públicos para proteger os balanços privados em estado periclitante, os bancos centrais cuidavam de promover a compra desses títulos mediante operações de Quantitative Easing, com o propósito de manter baixas as taxas de juros longas.

Além de suas funções clássicas de prestamistas de última instância e de regulador das condições de liquidez e do crédito, os bancos centrais promoveram as transferências de propriedade implícitas nas relações débito-crédito, sem permitir que fossem violados os princípios da apropriação privada da riqueza, ainda que, como já foi dito, alguns proprietários individuais tivessem sido sacrificados.

A macroeconomia "aberta" dos balanços na era neoliberal

Iniciada no segundo semestre de 2007 e acelerada no infausto episódio da quebra do Lehman Brothers, em setembro de 2008, a crise ofereceu a oportunidade de avançar na compreensão das transformações ocorridas nas relações entre inovações financeiras, financiamento dos gastos de consumo das famílias, de investimento das empresas e geração de renda e emprego na economia globalizada.

O economista Claudio Borio, do Banco de Compensações Internacionais (BIS), desvelou a origem e a natureza dos desequilíbrios que a maioria dos analistas comprometidos com a banca se esforça por esconder sob a rica tapeçaria de seus inefáveis saberes.

Na gênese, desenvolvimento e configuração do ciclo de expansão que culminou na crise está o rearranjo de portfólios, um fenômeno financeiro: o fluxo bruto de capitais privados da Europa e da periferia para os Estados Unidos. A interpenetração financeira suscitou a diversificação dos ativos em escala global e, assim, impôs a "internacionalização" das carteiras dos administradores da riqueza. Os Estados Unidos, beneficiados pela capacidade de atração de seu mercado financeiro amplo e profundo, absorveram um volume de capitais externos superior aos déficits em conta-corrente. Em um mundo em que prevalece a mobilidade de capitais, a determinação não vai do déficit em conta-corrente para a "poupança externa". É a elevada liquidez e a alta "elasticidade" dos mercados financeiros globais que patrocinam a exuberante expansão do crédito, a inflação de ativos e o endividamento das famílias viciadas no hiperconsumo.

Borio demonstrou que, no sucesso das políticas de controle da inflação, "os fatores globais se tornaram mais importantes do que os fatores domésticos". Ele se refere às mudanças importantes que afetaram, antes da crise financeira, as condições da oferta e da demanda na economia globalizada. Essas mudanças, já analisadas anteriormente, são:

1) A grande empresa manufatureira se deslocou para regiões onde o custo unitário da mão de obra é sensivelmente mais baixo. Nesses mercados de oferta ilimitada de mão de obra, impede-se que os salários acompanhem o ritmo de crescimento da produtividade.

2) As elevadas "taxas de exploração" nos emergentes asiáticos incitaram a rápida criação de nova capacidade produtiva na indústria manufatureira, com ganhos de produtividade, acirrando a concorrência global entre os produtores de manufaturas.

3) As políticas de comércio exterior dos emergentes em processo de "perseguição" industrial combinam saldos comerciais alentados, acumulação de reservas e políticas de defesa do câmbio real.

A combinação entre esses fenômenos – baixa inflação e excessiva elasticidade do sistema financeiro – acentuou o caráter pró-cíclico da oferta de crédito e impulsionou a criação de desequilíbrios cumulativos nos balanços de famílias, empresas e países – com sérias consequências para a eficácia das políticas monetárias nacionais. A questão central, na opinião de Borio, reside no crescimento excepcional dos *fluxos brutos* de capital entre as economias centrais, particularmente entre Wall Street e a City londrina. Isso significa que as mudanças nas relações de débito e crédito e nos patrimônios de bancos, empresas, governos e famílias foram muito mais intensas do que as refletidas pelos *resultados líquidos* revelados pela observação dos déficits em conta-corrente. O "financiamento" do déficit norte-americano pelas reservas dos países emergentes, sobretudo pela China, é uma ilusão contábil que esconde as relações de determinação macroeconômica: o *movimento* vai dos fluxos brutos de capitais para a expansão do crédito aos consumidores norte-americanos e daí para o déficit em conta-corrente. As reservas chinesas fecham o circuito crédito-gasto-produção-renda-poupança com o "financiamento final" do déficit norte-americano em conta-corrente. "Assim, mesmo que os Estados Unidos não apresentassem déficits externos ao longo dos anos 1990 (e da primeira década do século XXI), o ingresso de capitais teria sido robusto."

Gráfico 11 – China: investimento direto por país de origem

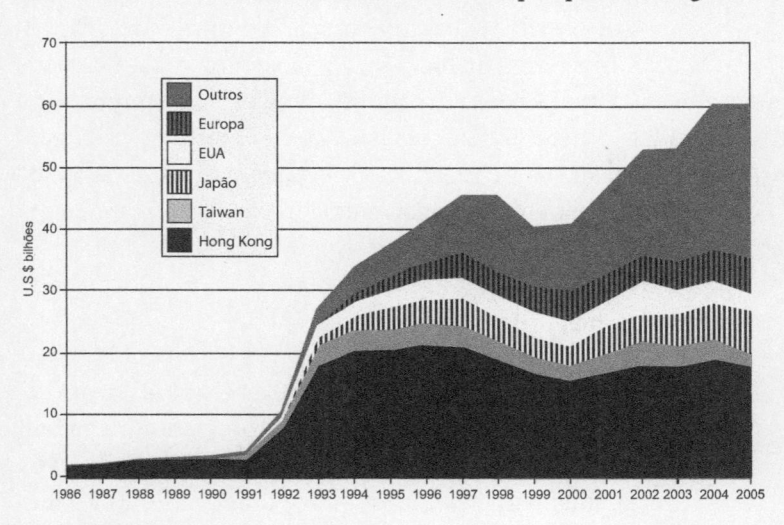

Fonte: Chinese Statiscal Yearbook.

Gráfico 12 – Conta-corrente (China – em US$ milhões)

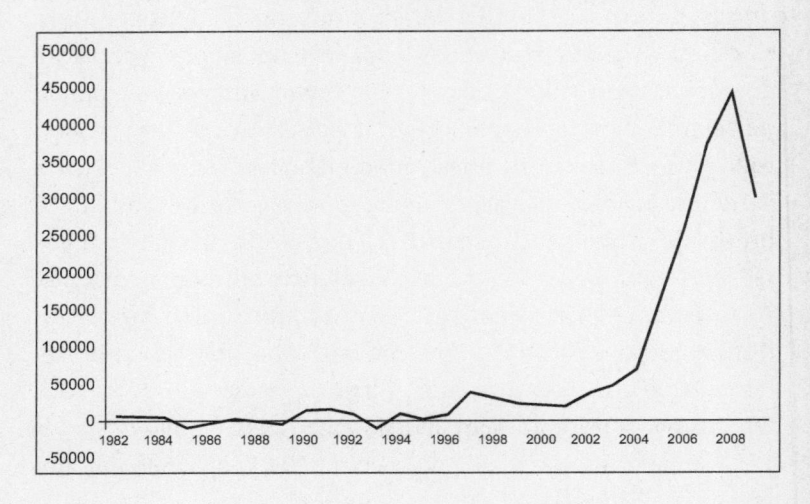

O autodesenvolvimento do sistema financeiro, investido em seu formato global e incitado por sua "vocação inovadora", inverteu as relações macroeconômicas que frequentam os manuais e os cursos das universidades mais afamadas do planeta. As inovações financeiras e a integração dos mercados promovem a exuberância do crédito, a alavancagem temerária das famílias consumistas e, obviamente, a deterioração da qualidade dos balanços de credores e devedores. É esse "arranjo" que gera o déficit em conta-corrente e não o contrário.

Origens e natureza da crise atual

Como demonstram os gráficos e tabelas reunidos neste capítulo, a articulação entre os seguintes fatores impulsionaram o ciclo recente de expansão financeira internacionalizada: 1) os fluxos de capitais para o mercado norte-americano; 2) os métodos inovadores de "alavancagem" financeira; 3) a valorização dos ativos imobiliários e endividamento excessivo das famílias; 4) migração da produção manufatureira para os países de baixo custo da mão de obra; 5) a ampliação das desigualdades; 6) a insignificante evolução dos rendimentos da população assalariada; 7) a degradação dos sistemas progressivos de tributação; 8) a recorrência de déficits fiscais e a expansão da dívida pública.

A lenta evolução dos rendimentos acumpliciou-se à vertiginosa expansão do crédito para impulsionar o consumo das famílias. Amparado na "extração de valor" ensejada pela escalada dos preços dos imóveis, o gasto dos consumidores alcançou elevadas participações na formação da demanda final em quase todos os países das regiões desenvolvidas. Enquanto isso, as empresas dos países "consumistas" cuidavam de intensificar a estratégia de separar em territórios distintos a formação de nova capacidade, a expansão do consumo e a captura dos resultados. As empresas ampliaram expressivamente a posse dos ativos financeiros como forma de alterar a estratégia de administração dos lucros acumulados e do endividamento. O objetivo de maximizar a geração de caixa determinou o encurtamento do horizonte empresarial. A expectativa de variação dos preços dos ativos financeiros passou a exercer um papel muito relevante nas decisões das empresas. Os lucros financeiros superaram com folga os operacionais. A gestão empresarial foi, assim, submetida aos ditames dos ganhos patrimoniais de curto prazo, e a acumulação financeira impôs suas razões às decisões de investimento, aquelas geradoras de emprego e renda para a patuleia.

As grandes empresas deslocaram sua produção manufatureira para as regiões em que prevaleciam baixos salários, câmbio desvalorizado e alta produtividade. Norte-americanos e europeus correram para a Ásia e os alemães, mesmo frugais, saltaram para os vizinhos do Leste. Destas praças, exportaram manufaturas baratas para os países e as regiões de origem ou de sua influência. Embalados pela expansão dos gastos das famílias, realizaram lucros e acumularam caixa (em geral nos paraísos fiscais). O deslocamento das empresas norte-americanas cavou alentados déficits em conta-corrente na economia territorial da pátria-mãe. Já os alemães, a despeito da movida para o Leste Europeu, financiaram, através de seus bancos, os gastos que produziram os enormes déficits em conta-corrente dos vizinhos da Eurolândia.

O mundo não convergiu para o regime de taxas flutuantes. Muito ao contrário: a coexistência entre regimes de taxas de câmbio flutuantes e taxas administradas ou fixas tornou-se a marca registrada da economia mundial. O número de países que adotou a "ancoragem" no dólar ou numa cesta de moedas aumentou consideravelmente. Depois da crise asiática, as economias da região, particularmente a China, retomaram as estratégias *exportadoras* com forte acumulação de reservas e medidas bastante pragmáticas de controle de capitais. Diante da enxurrada de capitais empenhados na arbitragem com taxas de juros e na especulação desaçaimada com suas moedas, desenvolvidos e emergentes lutam para evitar a formação de bolhas de crédito e tratam de obviar os efeitos indesejados e nefastos da valorização cambial.

A entrada da China e de outros emergentes como protagonistas importantes no comércio internacional de manufaturas promoveu um forte movimento deflacionário, contribuindo para a estabilidade de preços no âmbito da economia global. Os preços das *commodities* permaneceram subjugados até o final da década de 1990. Depois disso, a situação mudou e, às vésperas do colapso do Lehman Brothers, os índices de preços de *commodities* atingiram seu nível mais elevado desde o segundo choque do petróleo em 1979. Na posteridade da crise, os preços das *commodities* passaram a responder elasticamente aos impulsos da demanda chinesa e, sobretudo, aos excessos de liquidez engendrados pelas ações dos bancos centrais das economias desenvolvidas.[2]

A queda do investimento na formação da demanda agregada dos países centrais foi mais do que compensada pela aceleração desse componente do gasto nos emergentes asiáticos. O balanço global registra, portanto, a criação generalizada de capacidade produtiva excedente, particularmente nos setores de alta e média tecnologia afetados pela concorrência internacional. Quando os motores reverteram, acionados pela queda nos preços dos imóveis e pela desvalorização dos ativos financeiros associados ao consumo, escancarou-se um estoque de endividamento "excessivo" das famílias, calculado em relação aos fluxos esperados de rendimentos e à derrocada do valor das residências. Afogadas nas sobras de capacidade em escala global, as empresas cortaram ainda mais os gastos de capital. Aliviadas da carga de ativos podres graças à ação dos bancos centrais, as instituições financeiras acumularam reservas excedentes, mas hesitam em emprestar até mesmo às suas congêneres. Entre a queda das receitas, a ampliação automática das despesas e o socorro aos bancos moribundos, os déficits fiscais aumentaram, engordando as carteiras dos bancos com a dívida dos governos. Já os desequilíbrios em conta-corrente dos balanços de pagamentos não andam nem desandam.

Nos últimos três anos, as famílias com relação *debt/equity* negativa e as empresas sobrecarregadas de capacidade correm para os confortos da liquidez e do reequilíbrio patrimonial. Os países e as regiões se engalfinham: uns para reverter os déficits externos, outros para manter seus superávits. Os governos ensaiam políticas de austeridade fiscal. Tais decisões são "racio-

---

2 Num primeiro momento, a queda continuada nos preços das manufaturas empurra para baixo a inflação global. Na segunda rodada, a pressão da demanda dos emergentes sobre os recursos naturais joga para o alto o preço das *commodities*.

nais" do ponto de vista microeconômico e virtuosas sob a ótica da gestão das finanças domésticas, mas perversas para o conjunto da economia. Se todos pretendem cortar gastos, realizar superávits e se tornar líquidos ao mesmo tempo, o resultado só pode ser a queda da renda, do emprego e o crescimento do "peso" das dívidas cujo "valor" está fixado em termos nominais. É o paradoxo da desalavancagem, também conhecido como o inferno das boas intenções, cujas chamas crepitam no conhecido, mas sempre descuidado território das falácias de composição. Se bem interpretadas, as falácias poderiam nos aconselhar a discernir os fundamentos macroeconômicos da microeconomia.

5
Do Estado de bem-estar
às portas da barbárie

Ao longo do tumultuado período encravado entre a Primeira Guerra Mundial e a vitória dos aliados em 1945, a fúria e
a desordem dos mercados haviam colocado em risco a ordem
social e econômica. Esse intervalo histórico foi marcado por
instabilidades monetárias e cambiais devastadoras transmitidas
pelos circuitos financeiros internacionais. As disputas comerciais e as desvalorizações competitivas promoveram a contração
do comércio internacional e os países envolvidos tratavam de
despejar o desemprego no território do vizinho. Tudo isso em
meio à intensificação dos conflitos sociais. A luta política, cada
vez mais radicalizada entre a extrema-esquerda e a ultradirei-
ta, culminou na experiência nazifascista. Nesse clima cresceu
o convencimento de que o capitalismo entregue à sua própria
lógica era uma ameaça à vida civilizada.

No pós-guerra, para evitar a repetição do desastre era necessário, antes de tudo, constituir uma ordem econômica internacional capaz de alentar o desenvolvimento. Em primeiro lugar, remover os obstáculos à expansão do comércio entre as nações e conceber regras monetárias aptas a garantir a confiança na moeda-reserva e, ao mesmo tempo, impedir o ajustamento deflacionário do balanço de pagamentos. Tratava-se, portanto, de erigir um ambiente econômico internacional destinado a propiciar um amplo raio de manobra para as políticas nacionais de desenvolvimento, industrialização e progresso social.

As novas instituições e as políticas econômicas do Estado social estavam comprometidas com a manutenção do pleno emprego, com a atenuação, em nome da igualdade, dos danos causados ao indivíduo pela operação sem peias do "mecanismo econômico". Eric Alliez (1988) escreveu que, durante mais de duas décadas, realizou-se a criação de um mundo fundado sobre o direito ao trabalho, que tinha como objetivo o pleno emprego e o crescimento dos salários reais.

Já nos anos 1950, tempo de esplendor e glória do ideário keynesiano, o libertarianismo de Frederich Hayek e, mais tarde, o monetarismo de Milton Friedman desataram a ofensiva contra "dos inimigos da liberdade econômica". Não eram ouvidos nem cheirados.

Os libertários saíram da tumba, ressuscitados pelos miasmas da estagflação do final dos anos 1960 e início dos 1970. A partir de perspectivas teóricas distintas, os espectros do mercadismo passaram a rondar o chamado "consenso keynesiano". Para eles, as proezas da "era dourada" revelaram-se um doloroso engano. Engano que fez prosperar o famigerado populismo econômico, uma forma perversa de politização à *outrance* da economia. Parafraseando Eric Hobsbawm, a recomendação dos conservadores era dar "adeus a tudo aquilo" e, com urgência, empreender as reformas necessárias para restabelecer o funcionamento dos verdadeiros mecanismos econômicos, os únicos aptos a garantir a liberdade do indivíduo e promover a estabilidade e o crescimento de longo prazo.

Na visão liberal-conservadora, os propósitos de proteger o cidadão contra os azares e as incertezas do mercado terminariam por suscitar efeitos contrários aos pretendidos. A despeito das diferenças analíticas e de método, Hayek e Friedman sustentavam que os "anos gloriosos" estavam fadados inexoravelmente ao fracasso em sua insana tentativa de interferir nos movimentos "naturais" dos mercados. As políticas monetárias acomodatícias, combinadas com pactos "corporativistas" entre as classes sociais e grupos de interesses, levariam inevitavelmente ao baixo dinamismo e à inflação crônica e elevada.

Logo depois, os novo-clássicos, escorados na hipótese das expectativas racionais, reforçaram as tropas do reformismo liberal. Expediram uma sentença condenatória ainda mais dura contra a intervenção do Estado, ao proclamar a ineficácia das políticas fiscal e monetária em sua vã pretensão, assim diziam, de limitar a instabilidade cíclica e promover o crescimento da economia.

Os governos logo haveriam de aprender: os agentes racionais que povoam os mercados sabem exatamente qual é a estrutura da economia e, usando a informação disponível, são capazes de antecipar sua evolução provável. Não se deixam enganar, nem por um momento, pelo velho truque de estimular a atividade econômica com os anabolizantes nominais da política monetária leniente. Caso insistam nessa prática, políticos e burocratas voluntaristas, em vez de mais empregos, conseguirão apenas mais inflação, salvo na hipótese improvável de que possam surpreender e tapear permanentemente os sagazes agentes privados, implacavelmente racionais.

No início dos anos 1980, a turma da *economia da oferta* dizia ainda mais: a sobrecarga de impostos sufocava os mais ricos e desestimulava a poupança, o que comprometia o investimento e, portanto, reduzia a oferta de empregos e a renda dos mais pobres. As práticas neocorporativistas, diziam eles, criavam sérias deformações "microeconômicas", ao promover, deliberadamente, intervenções no sistema de preços, nas taxas de câmbio, nos juros e nas tarifas. Com o objetivo de induzir a expansão de setores escolhidos ou de proteger segmentos empresariais ameaçados pela concorrência, os governos distorciam o sistema de preços e, assim, bloqueavam os mercados em sua nobre e insubstituível função de produzir informações para os agentes econômicos. Tais violações das regras de ouro dos mercados competitivos culminavam na disseminação da ineficiência e na multiplicação dos grupos "predadores de renda", que se encastelavam nos espaços criados pela prodigalidade financeira do Estado.

Para acrescentar ofensa à injúria, os mercados de trabalho, castigados pela rigidez nominal dos salários e por regras políticas hostis ao seu bom funcionamento – como a do salário mínimo – não podem mais exprimir o preço de equilíbrio deste fator de produção, por meio da interação desembaraçada das forças da oferta e da demanda.

Em matéria financeira, a teoria dos "mercados eficientes" pretendia ensinar que todas as informações relevantes sobre os "fundamentais" da economia estão disponíveis em cada momento para todos os participantes dos mercados que avaliam os títulos de dívida e os direitos de propriedade. A ação racional dos agentes, diante das informações existentes, seria capaz de orientar a melhor distribuição possível dos recursos entre os diferentes ativos. Essa teoria procurava afirmar que, em condições competitivas, não podem existir estratégias "ganhadoras" capazes de propiciar resultados acima da média.

Em 2008, em meio a mais uma hemoptise dos mercados infectados, o consultor Rod Arnott arengava para uma plateia de duzentos acadêmicos, gente da área financeira. Perguntou aos ouvintes se acreditavam na Hipótese dos Mercados Eficientes. Ninguém levantou o braço. Em seguida indagou qual deles utilizava a desditosa hipótese em seus artigos, assumindo que ela seja verdadeira. Quase todos levantaram as mãos.

Nos idos de 1994, Matt Ridley, conhecido zoólogo e economista diletante, autor de vários ensaios científicos, proclamou, em uma de suas inúmeras catilinárias contra o Estado: "A pouco conhecida nona lei da termodinâmica ensina que quanto mais um grupo se apropria do dinheiro do contribuinte, mais ele demanda e mais ele reclama". Bravo. Sucessor do pai como presidente do Northern Rock, Ridley foi dispensado da função em outubro de 2007, quando o banco declarou-se insolvente, afogado em empréstimos podres. O governo inglês injetou £ 16 bilhões nos cofres do Northern e, logo depois, viu-se obrigado a estatizar o falecido.

A revista *The Economist*, na edição de novembro de 2008, rezou o epitáfio do ex-banqueiro Ridley: "ele seguiu um modelo agressivo de negócios, cruzou os dedos e apostou que a liquidez estaria sempre ali". Quando o negócio foi à garra, seu colega de estudos na universidade, o celebrado George Monbiot, não deixou barato: "o libertário foi obrigado a recorrer ao abominável Estado". Fontes bem informadas atestam que Ridley passou a concentrar suas energias no estudo de animais mais previsíveis do que os enigmáticos mercados superalavancados das *securities* e dos derivativos.

Tal como a Hipótese dos Mercados Eficientes, a ideologia neoliberal estrebucha, alvejada por sua própria fuzilaria. Os tiros ricocheteiam na realidade da finança desregulada. Conservadores e progressistas clamam pela imposição de regras para conter os desvarios dos mercados. As crises financeiras se multiplicam desde os anos 1980. Se a frequência dos episódios compromete o prestígio dos curandeiros dos mercados desimpedidos, ainda não abalroou o poder dos patrões da finança e de seus aliados nos bancos centrais.

Na verdade, as reformas liberalizantes, empreendidas desde o crepúsculo dos anos 1970, trataram de mobilizar os recursos políticos e financeiros dos Estados nacionais para fortalecer os respectivos sistemas empresariais envolvidos na concorrência global. O Estado não saiu da cena, apenas mudou de agenda. Em sua obra maior, *Civilização material e capitalismo*, o historiador Fernand Braudel escreveu: "o erro mais grave (dos economistas) é sustentar que o capitalismo é um sistema econômico [...]. Não devemos nos enganar, o Estado e o capital são companheiros inseparáveis, ontem como hoje" (Braudel, 1979, p.540).

Na esteira do apoio decisivo do Estado, as corporações globais passaram a adotar padrões de governança agressivamente competitivos. Entre outros procedimentos, as empresas subordinaram seu desempenho econômico à "criação de valor" na esfera financeira, repercutindo a ampliação dos poderes dos acionistas. Aliados aos administradores, agora remunerados com bônus generosos e comprometidos com o exercício de opções de compra das ações da empresa, os acionistas exercitaram um individualismo agressivo e exigiram surtos intensos e recorrentes de reengenharia administrativa, de flexibilização das relações de trabalho e de redução de custos.

As estratégias de localização da corporação globalizada introduziram importantes mutações nos padrões organizacionais: constituição de empresas-rede, com *centralização* das funções de decisão e de inovação e *terceirização* das operações comerciais, industriais e de serviços em geral. A cartilha neoliberal pretendia nos ensinar que a globalização nasceu de uma espantosa revolução tecnológica capaz de aproximar o homem do momento em que vai se livrar da maldição do trabalho e gozar dos encantos da vida cosmopolita. A microeletrônica, a informática, a automação dos processos industriais etc. prometem nos libertar das limitações impostas pelo espaço e pelo tempo. O indivíduo livre pode trabalhar em casa, e se tornar, além patrão de si mesmo, um partícipe da prosperidade universal. A globalização, associando tecnologia e transformação das formas de trabalho, estaria realizando essa maravilhosa promessa da modernidade.

As questões suscitadas nas origens da vida moderna ainda não obtiveram resposta. Nos tempos de prosperidade, elas hibernam e ai dos que ousam despertá-las. Mas no fragor das crises voltam a assombrar o mundo dos vivos. Nesses tempos, a incômoda pergunta não quer calar: em que momento homens e mulheres – sob o manto da liberdade e de igualdade – vão desfrutar da abundância e dos confortos que o capitalismo oferece em seu desatinado desenvolvimento?

O capitalismo da grande indústria, da finança e da construção do espaço global, entre crises e recuperações, exercitou os poderes de transformar e dominar a natureza – até mesmo de reinventá-la –, suscitando desejos, ambições e esperanças. A versão panglossiana desses prodígios nos ensina que a admirável inclinação para revolucionar as forças produtivas hão de aproximar homens e mulheres do momento em que as penas do trabalho subjugado pelo mando de outrem seriam substituídas pelas delícias e liberdades do ócio com dignidade.

Para muitos, estaria prestes a se realizar a utopia de trabalhar menos para viver mais. Os avanços da microeletrônica, da informática, da automação dos processos industriais já permitem vislumbrar, dizem os otimistas, a libertação das fadigas que padecemos em nome de uma ética do trabalho que só engorda os cabedais dos que nos dominam. Veja o caro leitor que alguns cidadãos já podem trabalhar em casa, longe dos constrangimentos da hierarquia da grande empresa e, assim, escolher à vontade entre o tempo livre e as fadigas do labor.

Antropóloga formada em Princeton, Karen Ho publicou um livro digno de figurar nas estantes dos leitores mais exigentes: *Liquidated, An Ethnography of Wall Street* (Duke University Press, 2009). Ela apresenta em linguagem clara e acessível os resultados de uma pesquisa realizada na tribo dos senhores da finança global. Nos bastidores dos "abstratos" e fracassados modelos de risco e de precificação de ativos movimentava-se a soberba de indivíduos de carne e osso, convencidos de sua supremacia social, intelectual e moral. O protagonista central da epopeia malograda é o "*investment banker*". Não se trata do banqueiro tradicional, mas do executivo ou alto funcionário do banco de investimento, recrutado nas universidades da Ivy League, sobretudo em Princeton e Harvard. Essa é figura nuclear do surto de criatividade agressiva que levou o planeta à catástrofe financeira. Movidos a bônus de grosso calibre, submetidos a um ritmo de trabalho alucinante e a uma concorrência darwinista (sempre ameaçados de perder o emprego), esses personagens construíram um consenso cego e desprovido de autocrítica a respeito das próprias virtudes e qualidades.

Os sabichões formados em Princeton e Harvard usaram e abusaram do que Ho chama os modelos sofisticados de "inovações de curto prazo, sem qualquer estratégia". Um modo gentil de designar a ganância engalanada de letras gregas. Essas "manobras de alto nível" não desprezavam escaramuças mais grosseiras, como recomendar aos clientes a aquisição de ações que formavam suas próprias carteiras ou "pegar a laço" devedores sem condições de servir as dívidas contraídas.

Nos últimos quarenta anos, promessas de maior autonomia foram insinuadas no imaginário social pelo avanço das forças produtivas e pela transformação dos processos de trabalho e das relações no interior da empresa. David Brooks, colunista do *New York Times* e autor do livro *Bobos in Paradise: The New Upper Class and How They Got There* [Bobos no paraíso: a nova classe alta e como eles chegaram lá] (2000), fez um passeio inteligente pelos caminhos materiais e espirituais dos jovens norte-americanos de classe alta e média alta que incorporaram os trejeitos da pós-modernidade. Boêmios e burgueses (*bourgeois*), "suas atitudes em relação a sexo, moralidade, tempo livre e trabalho tornam difícil separar o renegado antiestablishment do homem de empresa pró-establishment". Brooks escreveu *Bobos* no auge da euforia financeira e de celebração do individualismo narcisista e aquisitivo, insaciável na busca permanente de *status*, de diferenciais de renda e do consumo conspícuo.

A crise financeira desbaratou as certezas e a base material em que se apoiava o sucesso desses jovens que construíram seu paraíso nas delícias do hibridismo moral. Muitos deles perderam os empregos nos bancos, nas consultorias, nos grandes escritórios de advocacia; outros não conseguem trabalho compatível com a formação que receberam. O sistema de valores e de concepções de vida dos *Bobos* não admite o fracasso como resultado da operação de forças que não controlam. Essa válvula de compreensão da vida e de descompressão psicológica não funciona nas subjetividades inchadas pelo individualismo narcisista. A frustração e o medo se transmutaram em revolta contra o Outro.

Os republicanos, diz Brooks, pensam que o capitalismo norte-americano está ameaçado pela segurança excessiva concedida aos cidadãos pelo Estado de bem-estar, em detrimento do espírito de iniciativa e da inovação. A fuzilaria dos ultraconservadores concentra a pontaria na proteção à velhice e aos doentes. Esse peso morto precisa ser extirpado, sob pena de entregar a sociedade norte-americana às letargias da estagnação.

Nos Estados Unidos, assim como na Europa, afirmam os republicanos, o Estado de bem-estar não oferece segurança nem dinamismo. A rede de segurança é tão dispendiosa que deixará de existir para as próximas gerações. Ao mesmo tempo, o atual modelo transfere recursos dos setores inovadores para setores estatais já inchados, como saúde e educação. "O modelo de bem-estar social privilegia a segurança em lugar da inovação. Esse modelo [...] se tornou uma máquina gigantesca que redistribui dinheiro do futuro para a população mais velha."

Cada vez mais inclinada à direita, a opinião republicana deplora o peso excessivo do Estado munificente e investe contra as tentativas de disciplinar as forças simultaneamente criadoras e destrutivas do capitalismo. A visão republicana da economia e da sociedade advoga abertamente a concorrência darwinista: a sobrevivência do mais forte é a palavra de ordem. Tombem os fracos pelo caminho!

A individualização das relações trabalhistas promoveu, na verdade, a intensificação do ritmo de trabalho, conforme estudo recente da OIT e de outras instituições que lidam com o assunto. O trabalho se intensificou, sobretudo, entre os que se tornaram independentes das relações formais, os que negociam diariamente a venda de sua capacidade de trabalho nos mercados livres.

Isso aconteceu no mesmo período em que as novas formas financeiras contribuíram para aumentar o poder das grandes corporações em suas relações com os empregados e terceirizados. As fusões e aquisições suscitaram um maior controle dos mercados e promoveram campanhas contra os direitos sociais e econômicos, considerados um obstáculo à operação das leis de concorrência. A abertura dos mercados e o acirramento da concorrência coexistiram com a tendência ao monopólio e, assim, impediram que os cidadãos, no exercício da política democrática, exercitassem o direito de decidir sobre a própria vida.

Os neorreformistas, na realidade, cuidaram de transferir os riscos para os indivíduos dispersos, ao mesmo tempo que buscaram o Estado e sua força coletiva para limitar as perdas provocadas pelos episódios de desvalorização da riqueza. A intensificação da concorrência entre as empresas no espaço global não só acelerou o processo de financeirização e concentração da riqueza e da renda como submeteu os cidadãos às angústias da insegurança.

Os efeitos do acirramento da concorrência entre empresas e trabalhadores são inequívocos: foram revertidas as tendências à maior igualdade observadas no período que vai do final da Segunda Guerra até meados dos anos 1970 – tanto no interior das classes sociais quanto entre elas. Na era do capitalismo "turbinado" e financeirizado, os frutos do crescimento se concentraram nas mãos dos detentores de carteiras de títulos que representam direitos à apropriação da renda e da riqueza. Para os demais, perduravam a ameaça do desemprego, a crescente insegurança e precariedade das novas ocupações, a exclusão social.

Gráfico 13 – Desigualdade em alta
Participação de 0,1% da população na distribuição de renda (1913-2007)

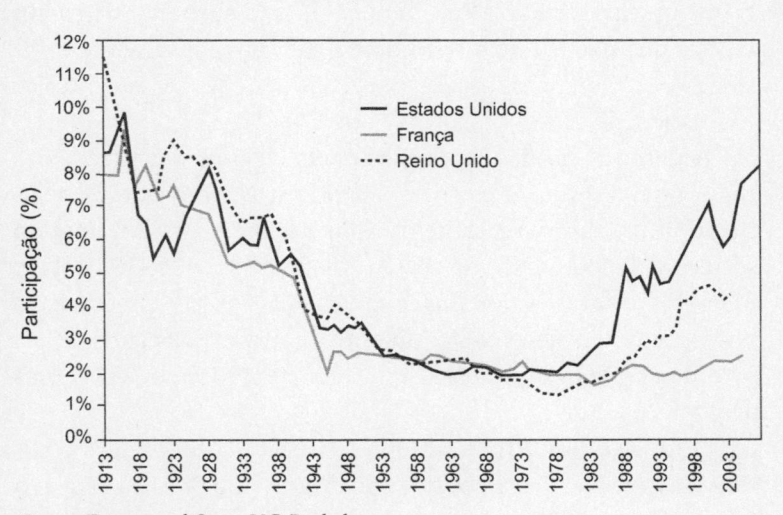

Fonte: Emmanuel Saez, UC-Berkeley.

Os trabalhos da democracia ou a presença do passado

O trauma das duas guerras mundiais e da Grande Depressão saturou o ambiente intelectual dos anos 1940 com a rejeição ao mercado descontrolado e ao totalitarismo. O sociólogo Karl Mannheim, um pensador representativo de sua época, escreveu em 1950, no livro *Liberdade, poder e planejamento democrático*:

Não devemos restringir o nosso conceito de poder ao poder político. Trataremos do poder econômico e administrativo, assim como do poder de persuasão que se manifesta através da religião, da educação e dos meios de comunicação de massa, tais como a imprensa, o cinema e a radiodifusão.

Mannheim dizia temer menos os governos, que podemos controlar e substituir, e muito mais os poderes privados que exercem sua influência no "interior" das sociedades modernas. Não é preciso ter lido Michel Foucault para suspeitar de truculências que não dizem o seu nome e são impiedosamente exercidas nas "malhas do poder", tecidas em silêncio no interior das sociedades.

A democracia dos modernos, seus direitos e contradições são conquistas muito recentes. Digo contradições porque o sufrágio universal foi conseguido com sacrifício entre o final do século XIX e o começo do século XX. Mas, já em 1910, Robert Michels cuidava de denunciar a deformação da representação popular promovida pelo surgimento de oligarquias partidárias, fenômeno que nasce e se desenvolve no "interior" dos sistemas democráticos.

Já foi dito na Introdução que os direitos econômicos e sociais nasceram da luta política das classes subalternas. Entre o final dos anos 1930 e o desfecho da Segunda Guerra Mundial, a presença das massas assalariadas e urbanas no cenário político impôs importantes transformações no papel do Estado. A função de garantir o cumprimento dos contratos, de assegurar as liberdades civis e os direitos políticos, apanágio do Estado liberal, é enriquecida pelo surgimento de novos encargos e obrigações: tratava-se de proteger o cidadão não proprietário dos mecanismos cegos do livre-mercado, sobretudo dos azares do ciclo econômico.

Os que propugnam pela democracia radical não podem omitir que no período neoliberal a intervenção do Estado na economia e a regulação da concorrência entre as grandes empresas fizeram o feitiço virar-se contra o feiticeiro: tornou-se norma a utilização do Estado pelos poderes privados. O poder econômico se infiltra no Estado de forma a constituir o que Norberto Bobbio chamou de *sottogoverno*, uma das dimensões do poder invisível. As dificuldades de estabelecer o controle legislativo e judiciário das manobras do *sottogoverno* – o que inclui sua influência no processo eleitoral, a propagação desimpedida da corrupção dos funcionários do Estado e o controle da informação e da opinião – suscitam a emergência do *criptogoverno*, a ressurreição da não transparência sistemática dos atos da burocracia, justificada por razões de Estado.

Bobbio usa esse termo para designar os movimentos subversivos (mas reacionários) nascidos no interior do Estado. À semelhança das organizações terroristas, as corporações encarregadas de vigiar e punir são tentadas a utilizar o monopólio (il)legítimo da força para a consecução de objetivos particulares. Para tanto, são compelidos a atropelar e estropiar, entre outras conquistas da dita civilização, as exigências do Estado de Direito. Os agentes do Estado, incumbidos de garantir a ordem jurídica, transformam assim a sua violação numa arma de opressão e controle das aspirações dos cidadãos.

Ao estudar o avanço do fascismo nos anos 1920 e 1930, Karl Polanyi (1992) concluiu que não se tratava de uma patologia ou de uma conspiração irracional de classes ou grupos, mas sim de forças gestadas nas entranhas do capitalismo. O reacionarismo fascista, diz Pietro Barcellona (1995), é um acontecimento da modernidade e não um desvio inexplicável do "bom projeto iluminista" da igualdade de direitos e da economia de mercado. "Isso não significa condenar a modernidade, mas entendê-la como o entrelaçamento contraditório do positivo e do negativo, sem preconceitos ou reducionismos."

Não é demasiado repetir que a democracia moderna – a dos direitos sociais e econômicos – foi construída sobre os alicerces da democracia liberal. Desenvolveu-se ancorada na defesa e na ampliação do Estado de Direito e não contra as garantias individuais e a proteção dos direitos políticos dos cidadãos. As prepotências dos adoradores do mercado e a espetacularização midiática da política estão associadas no propósito de fazer a vida social regredir para os estágios primitivos do capitalismo, períodos em que o desamparo e a miséria eram considerados fenômenos naturais, frutos da incompetência individual.

A ação do Estado, particularmente sua prerrogativa fiscal, vem sendo contestada pelo intenso processo de homogeneização ideológica de celebração do individualismo que se opõe a qualquer interferência no processo de diferenciação da riqueza, da renda e do consumo efetuado pelo mercado capitalista.

Cresce a resistência à utilização de transferências fiscais e previdenciárias, aumentando ao mesmo tempo as restrições à capacidade impositiva e de endividamento do setor público. Isso porque a globalização, ao tornar mais livre o espaço de circulação da riqueza e da renda dos grupos integrados, desarticulou a velha base tributária das políticas keynesianas, erigida sobre a prevalência dos impostos diretos sobre a renda e a riqueza.

A ética da solidariedade é substituída pela ética da eficiência e, dessa forma, os programas de redistribuição de renda, reparação de desequilíbrios sociais e assistência a grupos marginalizados têm encontrado forte resistência na casamata republicana. Não há dúvida de que esse novo individualismo tem sua base social originária na grande classe média produzida pela longa prosperidade e pelos processos mais igualitários que predominaram na *era keynesiana*. Hoje o novo individualismo encontra reforço e sustentação no aparecimento de milhões de empresários terceirizados e autonomizados, criaturas das mudanças nos métodos de trabalho e na organização da grande empresa.

A preservação da vida civilizada no atual momento do capitalismo exige o reconhecimento do que foi conquistado a duras penas pelo Estado do bem-estar e pelas garantias do Estado de Direito.

No ensaio *O Estado e o indivíduo no nacional-socialismo*, Herbert Marcuse argumentava que, na Era Moderna, o domínio da lei, o monopólio do poder coercitivo e a soberania nacional são as três características do Estado que mais claramente expressam a divisão racional de funções entre este e a sociedade.

A lei trata as pessoas, senão como iguais, pelo menos sem considerar as contingências sociais mais óbvias; é, por assim dizer, a corte de apelação que mitiga os infortúnios e as injustiças que as pessoas sofrem em suas relações sociais. O caráter universal da lei oferece proteção universal a todos os cidadãos, não apenas em relação ao desastroso jogo de autointeresses conflitantes, mas também aos caprichos governamentais. O regime nacional-socialista aboliu essas propriedades da lei que a tinham elevado acima dos riscos da luta social. (Marcuse, 1998, p.109)

Para Marcuse, é permanente o risco de derrocada do Estado de Direito: os grupos privados, em competição desenfreada e na busca de meios para conter a pressão dos de baixo, tentam se apoderar *diretamente* do Estado, suprimindo a sua independência formal em relação à sociedade civil. O jurista Herbert Hart, no livro *The Concept of Law* [O conceito da lei] (1994), diz com razão que o juiz não pode decidir como supremo censor e guardião da moralidade pública. A primeira e ilustre vítima do particularismo moralista será o princípio da legalidade que deve estabelecer com a maior clareza possível o que é lícito e o que não é.

No mundo da rivalidade entre grandes empresas e da inevitável mediação do Estado nas disputas entre os competidores privados, a exceção tende a se tornar a regra. Tal estado de excepcionalidade deságua na proliferação legislativa casuística e na ameaça permanente ao caráter abstrato e universal da norma jurídica. A contradição se torna aguda: de um lado, a liberdade dos indivíduos no mercado exige a independência do Judiciário, certeiro na aplicação da lei e cuidadoso em seus procedimentos, de outra parte, a "corrupção" quase congênita, engendrada pela concorrência econômica mediada pelo Estado, estimula a formação de correntes de opinião que propugnam por formas primitivas de punição e vingança.

Isso suscita a legitimação de tropelias e ilegalidades praticadas pelas burocracias públicas e promove a subversão da hierarquia entre os poderes do Estado. As empresas corrompem a política e, assim, degradam o instituto da representação popular. Procuradores e policiais fazem gravações clandestinas ou inventam provas e assim corrompem o princípio da legalidade e da impessoalidade nos atos da administração pública. Nas altas esferas do Olimpo midiático, "a imprensa diária dispara a cortina de relâmpagos" (Marx, 1961), trata de manipular a opinião pública, atemorizar juízes e fomentar a arbitrariedade dos esbirros e beleguins.

O *consensus iuris* é o reconhecimento dos cidadãos de que só o direito, ou seja, o sistema de regras positivas emanadas dos poderes do Estado e legitimados pelo sufrágio universal pode julgar e punir os que porventura se arriscam à violação da norma abstrata. É a garantia de que os mortais não serão condenados antecipadamente por opiniões autocráticas, pessoais e preconceituosas, sem que tenha ocorrido a prática, comprovada mediante contraditório, de transgressões sancionadas pela norma.

A mediação e a garantia do Estado são precárias, sugere Giorgio Agambem (1995) na esteira de Hobbes, pois a soberania é um frágil compromisso entre a natureza e a razão, o direito e a violência. E a violência decorre exatamente da tentativa – frequentemente bem sucedida – de impor ao outro, pela força física ou pela coação moral, o seu próprio julgamento, impostado como uma referência absoluta e infalível, acima de qualquer crítica. A ação do Estado é vista como contraproducente pelos bem-sucedidos e integrados, mas como insuficiente pelos desmobilizados e desprotegidos. Essas duas percepções convergem na direção da "deslegitimação" do poder administrativo e na desvalorização da política. Aparentemente estamos numa situação histórica em que a "grande transformação" ocorre no sentido contrário ao previsto por Polanyi (1980): a economia trata de se libertar dos grilhões da sociedade.

O projeto da autonomia do indivíduo está inscrito no pórtico da modernidade. Significa a sua autorrealização dentro das regras das liberdades republicanas e do respeito ao outro. Opõe-se à submissão aos poderes – públicos e privados – que o cidadão não controla. A disseminação das formas mais agressivas de concorrência encontrou, até agora, pouca resistência em seu incessante trabalho de reduzir os "conteúdos" da vida humana às relações dominadas pela expansão do valor de troca. Mas pode se tornar intolerável para os indivíduos – ou para a maioria deles – a sensação de que o seu cotidiano e seu destino são governados pelas tropas de uma "racionalização" sufocante, destruidora do projeto de uma vida boa e decente.

Lista de gráficos, quadros e tabelas

Quadros

Tabelas

Gráficos

Referências bibliográficas

AGAMBEN, G, *Homo Sacer*: Sovereign Power and Bare Life. Stanford: Stanford University Press, 1995.

AGLIETTA, M.; ORLEAN, A. *La Monnaie Souveraine*. Paris: Editions Odile Jacob, 1998.

ALLIEZ, E. et al. *Contratempo*. Rio de Janeiro: Forense Universitária, 1988.

BADALONI, N. Marx e a busca da liberdade comunista. In: HOBSBAWM, E. *História do Marxismo*. São Paulo: Paz e Terra, 1979.

BARCELLONA, P. *Democrazia quale via di scampo*. Meridiana, 1995.

BELLUZZO, L. G. *Os antecedentes da tormenta*. São Paulo; Campinas: Unesp; Facamp, 2009.

BELLUZZO, L. G. *Valor e capitalismo*. São Paulo: Brasiliense, 1980.

BELLUZZO, L. G.; COUTINHO, L. Financeirização da riqueza, inflação de ativos e decisões de gasto em economias abertas. In: BELLUZZO, L. G. *Os antecedentes da tormenta*. São Paulo; Campinas: Unesp; Facamp, 2009.

BELLUZZO, L. G.; LIMA, L. A. O. O capitalismo e os limites da burocracia, *Temas de Ciências Humanas*, v.3, São Paulo, 1978.

BELLUZZO, L. G.; TAVARES, M. C. Capital financeiro e empresa multinacional. In: BELLUZZO, L. G. *Os antecedentes da tormenta*. São Paulo; Campinas: Unesp; Facamp, 2009.

BERMAN, M. *Aventuras do Marxismo*. São Paulo: Companhia das Letras, 2001.

BIDET, J. *Explication e reconstruction du capital*. Paris: PUF, 2004.

BOLTANSKI, L. *The New Spirit of Capitalism*. London; New York: Verso, 2005.

BOUKHARINE, N. *L'Economie Politique du Rentier*. Paris: E.D.I., 1972.

BRAGA, J. C. *A temporalidade da riqueza*. Campinas: Instituto de Economia da Unicamp, 2000. (Coleção Teses)

BRAUDEL, F. *Civilization matérielle, économie et capitalisme*. t.3. Paris: Armand Colin, 1979.

BROOKS, D. *Bobos in Paradise*: The New Upper Class and How They Got There. New York: Simon&Schuster, 2000.

CARDOSO DE MELLO, J. M.; NOVAES, F. Capitalismo tardio e sociabilidade moderna. São Paulo; Campinas: Unesp; Facamp, 2009.

DOSTALER, G. *Marx, la valeur e l'economie politique*. Paris: Anthropos, 1978.

FANTACCI, L. *La moneta*: storia di un'instituizione mancata. Venezia: Marsilio Editori, 2005.

HART, H. *The Concept of Law*. Oxford: Claredon Press, 1994.

HELLER, A. *Mudar a vida*. São Paulo: Brasiliense, 1982.

HILFERDING, R. *El capital financiero*. Madrid: Tecnos, 1963.

HO, K. *Liquidated, An Ethnography of Wall Street*. Duke University Press: 2009.

HOBSON, J. *Capitalismo moderno*. São Paulo: Abril Cultural, 1983. (Col. "Os economistas")

HOBSON, J. *The Evolution of Modern Capitalism*, 1980 [1965].

KALECKI, M. *Teoria da dinâmica econômica*. São Paulo: Abril Cultural, 1983.

KALECKI, M. *Selected Essays*. Cambridge: Cambridge University Press, 1971.

KEYNES, J. M. *Essays in Persuasion*, Collected Writings of John Maynard Keynes, 30v. Cambridge: Macmillan; Cambridge University, 1971-1989.

KEYNES, J. M. *The General Theory of Employment, Interest, and Money*. London: Macmillan: 1936.

LENIN, V. Nota sul problema della teoria dei mercati. In: _____. *Opere complete*. v.IV. Roma: Riuniti, 1957.

LOSURDO, D. Liberalismo: entre a civilização e a barbárie. São Paulo: Anita Garibaldi, 2006.

LUKÁCS, G. *Prolegômenos para uma ontologia do ser social*. São Paulo: Boitempo Editorial, 2010.

LUXEMBURGO, R. *A acumulação de capital*. v.II. São Paulo: Abril Cultural, 1984.

MANNHEIM, K. *Libertad, poder y planificación democrática*. México: Fondo de Cultura Económica, 1982

MARCUSE, H. O Estado e o indivíduo no nacional-socialismo. In: KELLNER, D. (Org.). *Tecnologia, guerra e fascismo*. São Paulo: Editora Unesp, 1998.

MARCUSE, H. *Eros e civilização*. Rio de janeiro: Zahar, 1978.

MARX, K. *Miséria da filosofia*. São Paulo: Livraria Editora Ciências Humanas, 1982 [1965].

MARX, K. *A liberdade de imprensa*. Porto Alegre: LP&M, 1980.

MARX, K. *Un chapitre inedit du Capital*. Paris: Union General d'Eitions, 1971a.

MARX, K. *Grundrisse: Elementos fundamentales para la crítica de la economía Política*. v.1. Siglo Veintiuno: Buenos Aires, 1971b.

MARX, K. *Grundrisse*. v.2. Siglo Veintiuno: Buenos Aires, 1971c.

MARX, K. *Grundrisse*. v.3. Siglo Veintiuno: Buenos Aires, 1971d.

MARX, K. *El capital*. v.1. México: Fondo de Cultura Económica, 1966a.

MARX, K. *El capital*. v.2. México: Fondo de Cultura Económica, 1966b.

MARX, K. *El capital*. v.3. México: Fondo de Cultura Económica, 1966c.

MARX, K. *O 18 Brumário de Luis Bonaparte*. Rio de Janeiro: Editorial Vitória, 1961.

MARX, K. *Storia delle Teorie Economiche*. 3v. Torino: Einaudi, 1954-1958.

MUSTO, M. *Karl Marx's Grundrisse*: Foundations of the Critique of Political Economy. London; New Yourk: Routlege, 2008.

ORLÉAN, A. *L'Empire de la Valeur*. Seuil: Paris, 2011.

POLANYI, K. *La gran transformación*. México: Fondo de Cultura Económica, 1992 [1980].

SCHMITT, C. *Scritti su Thomas Hobbes*. Milão: Giuffré Editore, 1986.

SHACKLE, G. L. S. *Epistemics and Economics*: A Critique of Economic Doctrines. Cambridge: Cambridge University Press, 1972.

SIMMEL, G. *La Philosophie de L' Argent*. Paris: PUF, 1987.

SMITH, A. *The Theory of Moral Sentiments*. Indianapolis: Liberty Fund, 1984.

The Economist, nov. 2008

VEBLEN, T. *A teoria da classe ociosa*. São Paulo: Abril Cultural, 1983. (Col. "Os economistas")

VIRILIO, P. *A arte do motor*. São Paulo: Estação Liberdade, 1996.

SOBRE O LIVRO

Formato: 14 x 21 cm
Mancha: 23 x 44,5 paicas
Tipologia: Iowan Old Style 10/14
Papel: Off-white 80 g/m² (miolo)
Cartão Supremo 250 g/m² (capa)
1ª edição: 2013
3ª reimpressão: 2018

EQUIPE DE REALIZAÇÃO

Capa
Estúdio Bogari

Edição de Texto
Luís Brasilino (Preparação de Original)
Olivia Frade Zambone (Revisão)

Editoração Eletrônica
Eduardo Seiji Seki (Diagramação)

Assistência Editorial
Alberto Bononi